HEYNE KOCHBÜCHER

DORIS KATHARINA
HESSLER

Vollwertküche aus dem Schnellkochtopf

Die feine neue Küche –
schnell und schonend zubereitet

Originalausgabe

WILHELM HEYNE VERLAG
MÜNCHEN

HEYNE KOCHBUCH
07/4624

ISBN 3-453-05044-4

INHALT

Vorwort

Kochen mit dem Schnellkochtopf

Der französische Schriftsteller Brillat-Savarin, namentlich bekannt durch seine 1825 erschienene Lehre von den Tafelfreuden, der »Physiologie des Geschmacks«, rühmte in diesem Werk ein Fischgericht, das unter der Verwendung von Dampf zubereitet wurde und höchste Gaumenfreude vermittelte. Was Brillat-Savarin vor 180 Jahren so entzückte, bereitet uns auch heute noch, richtig angewandt, ebensolchen Genuß. Freilich sollte noch viel Zeit vergehen, ehe die Menschheit in der Lage war, den Dampf im Topf so einzusetzen, daß daraus ein Industrieprodukt wurde: der Dampftopf. Doch die Bezeichnung stimmt nicht mehr, denn nicht nur der Dampf, sondern der Druck ist das Geheimnis des »Schnellkochens«.

Erst in unserem Jahrhundert wurde der Schnellkochtopf voll entwickelt. Die heutigen Töpfe aus Edelstahl oder Stahl-Email, mit Sicherheitsventilen versehen und in mehreren Größen zu erhalten, mit austauschbaren Deckeln kombinierbar, gehören zu jenen Küchengeräten, die fast jede Hausfrau als unentbehrlich bezeichnet.

Die Vielfalt

Trotzdem werden die meisten Durchschnitts-Hausfrauen und -männer den Schnellkochtopf in erster Linie für Kartoffel, Gemüse und Suppenfleisch verwenden, nicht ahnend, welche großartigen Möglichkeiten der praktischen, schnellen und wohlschmeckenden Küche versäumt werden.

Vier Punkte sprechen im wesentlichen für den Schnellkochtopf:

- Schonende Behandlung von Vitaminen, Spurenelementen und Mineralsalzen
- Erhaltung des natürlichen Wohlgeschmacks und der natürlichen Farben der Speisen
- Zeitersparnis zwischen 50 und 75 %
- Energie-Ersparnis

Die schnelle Flucht der Vitamine

Wer glaubt, durch den Verzehr von möglichst viel Gemüse, Obst und Salat das Beste für seinen Vitaminhaushalt getan zu haben, irrt sich. Nicht die Menge, sondern die Frische bringt die Vitamine — und die schonende Behandlung. Wer also seine grünen Bohnen, im Supermarkt gekauft, wo sie im Regelfall zwei bis drei Tage alt sein dürften, noch einen Tag zu Hause liegen läßt um sie dann in viel Salzwasser eine halbe Stunde köcheln zu lassen, kann eigentlich auf dieses Gericht verzichten. An Vitaminen ist in der inzwischen ziemlich geschmacklos gewordenen grünen Bohne kaum noch etwas vorhanden. Nun haben wir nicht alle einen Küchengarten zur Verfügung und als Berufstätige auch kaum Zeit, jeden Tag am Markt einzukaufen. So bleibt vielen also nur der Gemüsehändler oder Supermarkt. Doch sollten wir nach Möglichkeit kurzfristig einkaufen und das Gemüse möglichst am Einkaufstag auf den Tisch bringen.

Ganz wesentlich für den Erhalt von Vitaminen und den lebensnotwendigen Spurenelementen ist die schonende Behandlung während des Kochvorgangs. Die größten Feinde aller Vitamine neben dem Sauerstoff der Luft sind Wasser und lange Erhitzung. Das läßt sich im Schnellkochtopf auf ein Minimum reduzieren.

Der Kochvorgang unterliegt unabänderlichen Naturgesetzen, d.h. man kocht mit einer Temperatur um oder wenig unter 100 Grad und muß abwarten, bis das Kochgut völlig durchdrungen von der Hitze und somit gar ist.

Im Schnellkochtopf entsteht ein Druck zwischen 0,5 und 1 atü und damit ein Siedepunkt von 111 bis 120 Grad. Der Druck im Topf, in Verbindung mit dem Dampf, gart das Kochgut bis zu 75 Prozent schneller. Daß sich die Garzeiten je nach Umfang und Konsistenz des Kochguts verändern, versteht sich von selbst. Mit der Zugabe von Wasser kann sehr sparsam umgegangen werden, wasserhaltiges Gemüse z.B. benötigt nur sehr wenig zusätzliche Flüssigkeit. Dabei spielt es für die Qualität und den Geschmack des Kochguts, egal ob tierischen oder pflanzlichen Ursprungs, keine Rolle, ob es zerkleinert wurde. Beim Schnellkochen geht durch das Zerkleinern kein Saft verloren: der Druck während des Garvorgangs drückt den Saft in das Kochgut hinein. Es bleibt saftig.

Auch der Erhalt der Spurenelemente, deren Bedeutung für den menschlichen Körper den Vitaminen nicht nachsteht, ist im Schnellkochtopf gesichert. Dies gilt ebenso für die nahrungseigenen Mineralsalze, die den Wohlgeschmack der Speisen bestimmen. Wo bei der herkömmlichen Kochmethode Geschmacksverlust, entstanden durch langes Garen, durch kräftiges Nachsalzen ausgeglichen wird, behalten die im Schnellkochtopf gegarten Gerichte ihre nahrungseigenen Salze, sie gehen nicht ins Kochwasser über. Also weniger die im Kochsalz vorhandenen Natriumsalze, sondern Kalium, Kalzium und Magesiumsalze bleiben erhalten. Das schmeckt nicht nur besser, sondern entwässert auch und entlastet damit den Kreislauf. Und würzen — nicht salzen — können wir nach Fertigstellung des Gerichts mit frischen Kräutern.

Womit wir bei dem besonders wichtigen Kapitel des Kochens mit dem Schnellkochtopf sind:

Die Vollwertkost

Doris-Katharina Hessler gehört zu den modernen Meisterköchen, die auf Vollwertküche großen Wert legen. In ihren Rezepten finden sich alle Zutaten, die unsere Ernährung gesund und vollwertig machen. Bei ihr spielen die Beilagen und nicht die Fleischportionen die Hauptrolle: Gemüse und nochmals Gemüse, Wurzeln, Blätter, Körner, Rüben und Knollen. Und alles wird, falls nicht roh belassen, auf schonendste und sinnvollste Weise im Schnellkochtopf bereitet.

Wer sich mit Vollwertkost beschäftigt, dem wird schnell einleuchten, daß gerade hier die Methode des schnellen und schonenden Garens unumgänglich ist. Zudem verkürzt der Schnellkochtopf die besonders langen Garzeiten bei Hülsenfrüchten und beim vollen Korn — für fortgeschrittene Vollwert-Liebhaber unerläßlich. Denn: nicht Fleisch liefert das hochwertige Eiweiß, die Kombination von Getreide und Milch oder Ei ist für unseren Körper noch wertvoller.

Freilich erfordern die mit hohen Ansprüchen an Qualität und Können zusammengestellten Rezepte der Doris-Katharina Hessler ein sehr genaues Arbeiten und eine exakte Zeiteinteilung. Dazu sollte man wissen, wie lange das Putzen von Gemüse dauert (das wird nach Geschick des Kochs und Art des Gemüses unterschiedlich sein), was während der meist nur wenigen Minuten dauernden Garzeit vorbereitet werden muß und welche Reihenfolge beachtet werden sollte. Und damit sind wir bei den Garzeiten, für die Sie in den Beilagen zu allen Schnellkochtöpfen ausführliche Tabellen finden. Es ist jedoch unerläßlich, eigene Erfahrungen zu sammeln. Mit das wichtigste Instrument dafür ist ein Kurzzeitmesser, den Sie konsequent immer wieder einstellen sollten. Falls Sie noch keinerlei Erfahrung mit Schnellkochtöpfen haben, empfiehlt es sich, übungsweise einmal alle Arbeitsgänge mit dem Blick auf die Uhr zu verrichten, nur so wird man »rund um den Schnellkochtopf« die nötige Erfahrung bekommen und befriedigende Ergebnisse erzielen.

Die Perfektion

Gerade für Berufstätige ist die Verwendung von Schnellkochtöpfen und die Methode des »Menü-Kochens« besonders interessant. Mag es ihnen auch befremdlich erscheinen, in einem Topf Fleisch, Gemüse und eine Süßspeise zu kochen — es geht. Sie benötigen dazu einen Topf, der groß genug ist, mehrere Etagen übereinander zu fassen. Unerfahrene mögen vermuten, daß sich die Aromen vermischen — von unterschiedlichen Garzeiten ganz abgesehen. Doch richtig angewandt, behält jede Speise ihren Eigengeschmack. Wiederum ist es der Druck, der dafür verantwortlich ist. Ebenso wie der Saft durch den Druck im Kochgut gehalten wird, geschieht dies auch mit dem Aroma. Voraussetzung ist richtiges Ankochen und die sofortige Öffnung des Topfes nach Beendigung des Kochvorgangs. Würde man allerdings den Topf geschlossen abkühlen, wäre eine Aromavermischung die Folge.
Die unterschiedlichen Garzeiten sind etwas komplizierter, aber durchaus zu handhaben. Wieder ist das Arbeiten mit dem Kurzzeitmesser unumgänglich. Das Kochgut mit der kürzesten Garzeit nach oben, Einstellen des Kurzzeitmessers, den Kochvorgang unterbrechen. Im Zeitalter des Energiesparens das perfekte Kochen schlechthin.

Der richtige Umgang mit dem Topf

In meiner Erinnerung existieren wilde Geschichten aus meiner Kindheit über explodierende Schnellkochtöpfe der ersten Generation, über durch die Küche sausende Knödel, die sich durch unsachgemäße Behandlung des Topfes in Kanonenkugel ähnliche Geschoße verwandelten. Töpfe, die auf unsachgemäße Behandlung derart reagieren, gibt es heute nicht mehr. Die modernen Schnellkochtöpfe sind inzwischen so sicher, daß die Hersteller weitgehend darauf verzichten, in ihren Gebrauchsanweisungen auf dieses Thema einzugehen. Trotzdem sollte man alle Benutzungsanweisungen genau studieren, um ein optimales Ergebnis zu erreichen und vor allem dieses — ja nicht ganz preiswerte — Küchengerät so oft wie möglich einzusetzen.

Zuerst sollten Sie den Topf auskochen und sich an den Umgang mit dem Dampf gewöhnen. Ruhig das Ventil, den Druck »prüfen«, also Dampf ablassen und wieder schließen. Es gibt unterschiedliche Ventile, meist wird man auf das Federventil stoßen, über dem sich der Knopf auf der Deckelmitte je nach Druckstärke hebt und senkt.

Nach dem Anbraten, Aufgießen oder einfach dem Ansetzen des Kochguts mit Wasser den Deckel schließen, so daß die Griffe exakt übereinander sind und der Deckel einrastet. Nach kurzer Zeit zeigt ein deutliches Zischen und Entweichen des Dampfes an, daß die Kochtemperatur erreicht ist und man die Hitze herunterstellen kann. Am einfachsten ist dies bei Gasherden. Bei Elektroherden, deren Platten die hohe Temperatur länger halten, wird man erst nach einiger Übung wissen, wie schnell die Hitze reduziert werden muß, damit es dem Schnellkochtopf nicht »zu viel wird«. Striche am Ventil (bei manchen Töpfen ist die Markierung im Griff angebracht) zeigen an, ob der Druck im Topf stimmt, d. h. man wird in der Regel den mittleren Wert (2 Striche) einstellen. Öffnen läßt sich der Topf erst, wenn kein Druck mehr im Topf vorhanden ist. Dies läßt sich erreichen durch Abwarten, was aber bedeutet, daß das entstehende Kondenswasser empfindlichem Kochgut schadet. Auch Kartoffel z.B. sollten zum Abdampfen gleich aus dem Topf geholt werden. Dazu am besten den Topf unter fließendes kaltes Wasser halten (aber bitte nur den Deckel abkühlen, nicht das Ventil). Nachgaren ist in der Regel nicht erwünscht, mit Ausnahme von Suppen, Gedünstetem und ähnlichem.

Die richtigen Töpfe

Schnellkochtöpfe gibt es in mehreren Größen. Von der Bratpfanne oder dem 2- bis 3-Liter-Topf für Singles bis hin zu 15- bis 30-Liter-Töpfen, wie sie in der Gastronomie verwendet werden. Für einen normalen Haushalt ist es sicher richtig, zumindest zwei Töpfe zu haben, einen mit 5 oder 6 Litern Fassungsvermögen, in dem zumindest ein ganzes Huhn Platz findet und eine Schnellbratpfanne, die auch als Zweit-Schnellkochtopf eingesetzt werden kann. Wichtig sind auch Einsätze, vor allem wenn man Menü-Kochen will (s. o.) und wenn im Dampf gegart werden soll.

Vorspeisen

Artischockenboden gefüllt mit Gemüse und Kalbsbries

Für 4 Personen
8 kleine Artischocken · 1 Zitrone
200 g Kalbsbries · 50 g Karotten · 50 g Sellerie
50 g Lauch · 1 Lorbeerblatt
10 weiße Pfefferkörner · Meersalz · ½ Zitrone
100 g Shiitakepilze · 200 g Kohlrabi
1 Schalotte · 1 EL gehackte Petersilie · ⅛ l Sahne
⅛ l Brühe (Gemüse, Rind oder Geflügel)
2 cl Sherry · 1 cl Sherryessig · 2 EL geschlagene Sahne

Von den Artischocken die Blätter und das Heu entfernen. Die Böden in Salzwasser mit Zitronensaft 10 Minuten im Schnellkochtopf kochen. Nach dem Kochen das restliche Heu entfernen und die Böden warm stellen.

1 l Wasser mit Karotte, Sellerie, Lauch, Lorbeerblatt, Pfefferkörnern, Salz und Zitrone zum Kochen bringen, das rohe Kalbsbries hineingeben, den Deckel schließen und 10 Minuten auf kleiner Flamme ziehen lassen. Das Bries aus dem Sud nehmen, abkühlen lassen, die Haut und die Sehnen entfernen und das Bries in kleine Stücke schneiden. Mit Salz und Pfeffer aus der Mühle würzen und in geklärter Butter anschwitzen, ebenfalls warm stellen.

Die Pilze und die rohen Kohlrabi in Stifte schneiden, die Schalotten in kleine Würfel.

Pilze, Kohlrabi und Schalotten im Schnellkochtopf in geklärter Butter oder Pflanzenöl anschwitzen, mit Salz und Pfeffer würzen, mit Brühe, Sahne, Sherry und Essig ablöschen, den Deckel schließen und 5 Minuten köcheln lassen. Dann das vorbereitete Bries dazugeben, die geschlagene Sahne einrühren und in die vorbereiteten Artischockenböden füllen.

Lauwarmer Gemüsesalat mit Sprossen und Nüssen

Für 4 Personen
1 Kopfsalat · 1 Friséesalat · 2 kleine Schalotten
1 Bund Schnittlauch · 8 Stangen grüner Spargel
8 kleine Karotten mit Grün · 200 g frische Erbsen
100 g grüne Bohnen · 1 großer Zucchino
150 g gemischte Sprossen nach Wahl
100 g Haselnüsse · 1 Kästchen Kresse
FÜR DAS DRESSING:
²∕₃ Haselnußöl · ¹∕₃ Apfelhonigessig
Salz und Pfeffer aus der Mühle

Die Salate putzen und waschen. Schalotten und Schnittlauch klein schneiden. Den Spargel schälen. Die Karotten schälen und 1 cm des Grüns daranlassen, die Erbsen ausbrechen, die Bohnen putzen, den Zucchino mit der grünen Schale in Rauten schneiden.

Alle Gemüse im Schnellkochtopf in stark gesalzenem Wasser 4 Minuten blanchieren, danach warm stellen.

Das Dressing aus den angegebenen Zutaten herstellen, Schalotten

Rote-Bete-Topf (Rezept Seite 42)

Mariniertes buntes Sommergemüse (Rezept Seite 22)

und Schnittlauch dazugeben, die Blattsalate darin marinieren und auf den Tellern verteilen.

Danach das Gemüse in der Marinade wenden und auf den Blattsalaten verteilen.

Zum Schluß die Sprossen, die Kresse und die Nüsse (vorher geröstet und grob gehackt) über den Salat streuen.

Rote-Bete-Salat mit Äpfeln und Sellerie

Für 4 Personen
200 g säuerliche Äpfel · 200 g rote Bete
200 g Knollensellerie · 200 g Feldsalat
DRESSING FÜR DEN SALAT:
²/₃ Haselnußöl · ¹/₃ Weißweinessig
1 kleine Schalotte, in Würfel geschnitten
Salz und Pfeffer aus der Mühle
DRESSING FÜR DAS GEMÜSE:
100 g Crème fraîche · 100 g Joghurt · 6 cl Weißweinessig
10 cl Haselnußöl · Salz und Pfeffer aus der Mühle

Den Feldsalat putzen und waschen und im Dressing marinieren.

Die roten Beten in Salzwasser im Schnellkochtopf 15 Minuten kochen; den Sellerie im Schnellkochtopf 8 Minuten kochen.

Das gekochte Gemüse und die Äpfel in Stifte schneiden und im Gemüsedressing wenden.

Das Gemüse auf den Tellern verteilen und die Feldsalatröschen darüber geben.

Eisbergsalat süß-sauer
mit Entenbrust

Für 4 Personen
1 großer Eisbergsalat · 1 Bund Staudensellerie
4 Orangen · 100 g Pinienkerne · 30 g Korinthen
FÜR DAS DRESSING:
1/8 l Geflügelfond · Orangensaft
12 cl Pinienkernöl · 4 cl Weißweinessig · 1 TL Honig
Salz und Pfeffer aus der Mühle
4 Entenbrüste

Den Eisbergsalat in feine Streifen schneiden. Die Orangen filieren, das Gerippe ausdrücken (der Saft ist für das Dressing). Den Staudensellerie in Rauten schneiden. Die Pinienkerne in einer Teflonpfanne ohne Fett rösten. Das Dressing herstellen, alle Zutaten darin wenden und eine halbe Stunde ziehen lassen.

Die Entenbrüste von beiden Seiten mit Salz und Pfeffer würzen und in heißem Entenfett von beiden Seiten scharf anbraten, den Deckel schließen und 5 Minuten braten. Das Fleisch herausnehmen, 5 Minuten ruhen lassen und in feine Tranchen schneiden.

Den Salat locker auf die Teller geben und die Entenscheiben und die Orangenfilets dekorativ darauf verteilen.

Kohlrabi in Gemüsevinaigrette mit Selleriemousse und Kaviar

Für 4 Personen
FÜR DIE MOUSSE:
150 g Knollensellerie · 1 EL Crème fraîche
30 g Butter oder Margarine
Salz, Pfeffer und Muskat aus der Mühle
1 Zitrone · 2 EL geschlagene Sahne
FÜR DIE VINAIGRETTE:
100 g Lauch, in kleine Würfel geschnitten
100 g Karotten, in kleine Würfel geschnitten
100 g Sellerie, in kleine Würfel geschnitten
2 Schalotten, in kleine Würfel geschnitten
1 EL gehackte Kohlrabiblätter
¹⁄₃ Traubenkernöl · ¹⁄₃ Sherryessig
Meersalz und weißer Pfeffer aus der Mühle
4 kleine Kohlrabi
Kaviar je nach Geldbeutel (Stör, Forelle oder Lachs)

Für die Mousse den Sellerie schälen, kleinschneiden und in gesalzenem Wasser mit einer Zitrone (Saft) im Schnellkochtopf in 10 Minuten weich kochen. Den Sellerie ausdampfen lassen und mit der Butter und der Crème fraîche mit dem Mixstab verrühren, mit Salz, Pfeffer und Muskat würzen, die geschlagene Sahne unterheben.

Die Gemüse für die Vinaigrette im Schnellkochtopf in gesalzenem Wasser 2 Minuten kochen, kalt abschrecken. Die Vinaigrette herstellen und die Gemüse dazugeben.

Die Kohlrabi schälen und mit der Aufschnittmaschine in dünne Scheiben schneiden. Die rohen Kohlrabischeiben auf einem Teller auslegen und mit der Gemüsevinaigrette belegen. Mit einem heißen Eßlöffel die Mousse ausstechen, in die Mitte des Tellers geben und mit dem Kaviar garnieren.

Mariniertes buntes Sommergemüse

(Foto Seite 18)

Für 6–8 Personen
1 Blumenkohl · 250 g Karotten · 500 g Zucchini
150 g Zuckerschoten · 250 g Champignons
¼ l trockener Weißwein · 4 EL Öl
Salz und weißer Pfeffer aus der Mühle
1 TL Zucker · evtl. etwas Weinessig
1 Bund gemischte frische Kräuter (Petersilie, Schnittlauch, Estragon, Kerbel und Basilikum)

Den Blumenkohl in Röschen zerlegen, gut waschen. Die Karotten waschen, abschaben und in Stifte schneiden. Die Zucchini waschen, mit der Schale in 2 bis 3 mm dicke Scheiben schneiden. Die Zuckerschoten waschen, die Stiele und Fäden entfernen und die Schoten halbieren. Die Champignons putzen, kleine halbieren, größere in dicke Scheiben schneiden.

Den Wein in den Schnellkochtopf gießen und erhitzen, das Gemüse einschichten und den Topf schließen. Das Gemüse auf der Schonstufe 3 Minuten garen. Das abgetropfte Gemüse in eine Schüssel geben.

Eine Marinade aus Öl, Salz, Pfeffer, Zucker und etwas Kochflüssigkeit sowie nach Bedarf etwas Essig anrühren. Die Kräuter abspülen, sehr fein hacken und zur Marinade geben. Über das Gemüse gießen und mindestens 1 Stunde durchziehen lassen.

Das marinierte Gemüse bei Raumtemperatur servieren.

Mangoldblätter gefüllt mit Mais, Oliven und Schafkäse

Für 4 Personen

4 große Mangoldblätter

2 frische Maiskolben · 100 g getrocknete schwarze Bohnen

100 g entsteinte schwarze Oliven · 200 g Schafkäse

2 rote Zwiebeln, in kleine Würfel geschnitten

1 Bund glatte Petersilie, gehackt · 5 EL Olivenöl

3 EL Weißweinessig · Salz und Pfeffer aus der Mühle

Die Mangoldblätter in Salzwasser ca. 1 Minute blanchieren, kalt abbrausen und gut abtrocknen.

Die schwarzen Bohnen und die Maiskolben in ungesalzenem Wasser im Schnellkochtopf 15 Minuten kochen.

Die Maisperlen von den Kolben trennen. Die Oliven vierteln. Den Schafkäse in Würfel schneiden.

Alle Zutaten mischen und durchziehen lassen. In die Mangoldblätter füllen und servieren.

Spargelparfait

Für 4 Personen

250 g geschälter weißer Spargel · ¼ l Spargelfond oder Brühe

50 g Butter · 6 Blatt Gelatine

Salz und Pfeffer aus der Mühle · 100 g geschlagene Sahne

FÜR DAS DRESSING:

⅔ Traubenkernöl · ⅓ Sherryessig

2 EL gehackter frischer Kerbel · Salz und Pfeffer aus der Mühle

Von dem Spargel die Köpfe 3 cm lang abschneiden und in leicht gesalzenem Wasser mit etwas Zucker und 2 Scheiben Weißbrot (es entzieht dem Spargel die Bitterstoffe) im Schnellkochtopf 4 Minuten kochen.

Die restlichen Spargel kleinschneiden und mit der Brühe und der Butter im Schnellkochtopf 5 Minuten weich kochen. Die Gelatine hineingeben und im Küchenmixer pürieren. Durch ein Sieb streichen und mit Salz und Pfeffer würzen. Sobald die Gelatine anzieht, die geschlagene Sahne unterziehen. Das Parfait in eine Terrinenform oder in kleine Timbale-Formen geben und 4 bis 5 Stunden kühlen.

Das Dressing herstellen und die warmen Spargelköpfe darin marinieren. Das Parfait aufschneiden, mit den Spargelköpfen anrichten und mit Kerbel dekorieren.

Warme Gemüseterrine

Für 4–6 Personen

*500 g geputztes Gemüse (Blumenkohl, Broccoli,
Karotten, Sellerie und Erbsen)*

200 g Sahne · 4 Eier

Salz, Pfeffer und Muskat aus der Mühle

Für die Gemüseeinlage 300 g der Gemüse zurücklegen.

Den Blumenkohl und den Broccoli in kleine Röschen schneiden, aus den Karotten und dem Sellerie mit einem Perlenausstecher kleine Kugeln ausstechen.

Das restliche Gemüse in gesalzenem Wasser im Schnellkochtopf in 10 Minuten weich kochen. Mit der Sahne im Küchenmixer pürieren, durch ein Sieb streichen und erkalten lassen.

Das Gemüse für die Einlage 3 Minuten in Salzwasser kochen (das Gemüse soll noch nicht ganz gar sein).

In die erkaltete Masse die Eier und das Gemüse einrühren und mit Salz, Pfeffer und Muskat würzen.

Alles zusammen in eine große Terrinenform geben und im Backofen bei 200 Grad 35 bis 40 Minuten backen.

Die Terrine kann man warm oder kalt servieren. Serviert man sie warm, empfehle ich dazu zweierlei Gemüsesaucen, z.B. Karotten- und Broccolisauce. Serviert man sie kalt, empfehle ich dazu einen frischen Salat und eine Kräutersauce.

Winterlicher Salat mit Kaninchenrücken

Für 4 Personen

2 Kaninchenrücken mit Nierchen und Leber

100 g Feldsalat · 1 Chicorée · 200 g geschälte Schwarzwurzeln

200 g geschälte Karotten · 60 g ganze geschälte Walnüsse

FÜR DAS DRESSING:

⅔ Walnußöl · ⅓ Weißweinessig

1 Schalotte, in kleine Würfel geschnitten

1 Bund Schnittlauch, in Röllchen geschnitten

Salz und Pfeffer aus der Mühle

Die Schwarzwurzeln in 2 cm große Stücke schneiden, die Karotten in Scheiben schneiden.

Die Schwarzwurzeln in Salzwasser im Schnellkochtopf 5 Minuten, die Karotten 2 Minuten kochen.

Den Feldsalat verlesen und waschen. Die Chicoréeblätter trennen, einmal durchschneiden und das Weiße (es ist bitter) abschneiden, waschen.

Die Walnüsse in einer Teflonpfanne ohne Fett rösten.

Den Kaninchenrücken und die Innereien sorgfältig parieren, würzen und im Schnellkochtopf von beiden Seiten kurz anbraten (vorher mit Salz und Pfeffer würzen). Den Deckel schließen und 1 Minute braten, den Rücken in drei Teile schneiden und warm stellen.

Die Salatblätter und die lauwarmen Gemüse in dem Dressing marinieren, den Teller mit den Salatblättern auslegen, das Gemüse sowie die Nüsse darauf verteilen. Den Kaninchenrücken und die Innereien dekorativ daraufsetzen und mit dem restlichen Dressing nappieren.

Frische Entenleber auf kleinen Hülsenfrüchten

Für 4 Personen
400 g Entenleber
50 g getrocknete rote Bohnen · 50 g getrocknete schwarze Bohnen
50 g getrocknete weiße Bohnen · 1 Maiskolben
100 g frische Erbsen · 2 Schalotten, in kleine Würfel geschnitten
Pflanzenfett · Salz und Pfeffer aus der Mühle
FÜR DIE SAUCE:
2 Schalotten, in Würfel geschnitten · 1 EL gehackter Kerbel
1 EL gehackte Petersilie · 1 cl Sherryessig
4 cl Sherry · 200 ml Geflügelbrühe · 100 g kalte Butterwürfel

Die drei Bohnensorten und den Maiskolben in ungesalzenem Wasser im Schnellkochtopf 15 Minuten kochen, die Erbsen 5 Minuten. Die Perlen von dem Maiskolben entfernen.

Die Schalotten in Pflanzenfett anschwitzen, die Hülsenfrüchte dazugeben und mit Salz und Pfeffer würzen.

Die Leber putzen, mit Salz und Pfeffer würzen und in geklärter Butter von beiden Seiten je 1 Minute braten, warm stellen.

Das Fett in der Leberpfanne lassen, die Schalotten hineingeben und anziehen lassen (sie sollen keine Farbe annehmen), mit Brühe, Essig und Sherry ablöschen und um ein Drittel einkochen. Die frischen Kräuter dazugeben und mit der Butter binden.

Die Leber auf den Hülsenfrüchten anrichten und mit der Sauce nappieren.

Suppen

Schwarzwurzelschaum mit schwarzen Trüffeln

Für 4 Personen

1 kg Schwarzwurzeln · 2 mittelgroße Gemüsezwiebeln

1 l Brühe (Rind, Geflügel, Gemüse)

Salz, Pfeffer und Muskat aus der Mühle

Pflanzenfett · 1 Trüffel · ¼ l geschlagene Sahne

Die Schwarzwurzeln gründlich schälen (am besten mit einem Spargelschäler) und in kaltes Wasser mit etwas Milch und Zitronensaft legen (dadurch werden sie nicht braun).

Die Zwiebeln und die Schwarzwurzeln kleinschneiden und im Schnellkochtopf in Pflanzenfett anschwitzen, ohne daß sie Farbe nehmen. Mit der Brühe ablöschen, den Deckel schließen und 10 Minuten weich kochen, im Mixer pürieren. Durch ein Sieb streichen, aufkochen und würzen. Die geschlagene Sahne mit dem Stabmixer einschlagen.

Die Suppe auf Suppenteller verteilen und den Trüffel hineinreiben.

Rosa Linsenschaum mit Hummer

Für 4 Personen
¾ l Hummerfond · ¼ l Sahne · 300 g rosa Linsen
1 Bund Lauchzwiebeln · Saft von 1 Zitrone
4 cl Noilly Prat · 4 cl Cognac
Traubenkernöl · 100 g geschlagene Sahne
2 Hummer à 500 g

100 g Linsen für die Einlage in ungesalzenem Wasser im Schnellkochtopf 5 Minuten kochen.

Die Lauchzwiebeln kleinschneiden und im Schnellkochtopf in Traubenkernöl anschwitzen, die restlichen Linsen dazugeben und mit Hummerfond, Sahne, Zitronensaft, Noilly Prat und Cognac ablöschen, den Deckel schließen und 15 Minuten kochen lassen.

Die Suppe mit dem Mixstab pürieren und durch ein Sieb streichen, nochmals aufkochen und die geschlagene Sahne mit dem Mixstab luftig darunterschlagen.

Die Hummer in kochendes Wasser in den Schnellkochtopf geben, den Deckel schließen und 5 Minuten kochen lassen. Dann den Schwanz und die Scheren ausbrechen.

Die Linsen für die Einlage in Traubenkernöl kurz anschwitzen, in eine Suppenschale geben, den Hummer daraufgeben und mit dem Hummerschaum nappieren.

Kartoffel-Bachkresseschaum mit Meeresfrüchten

Für 4 Personen

¾ l Brühe (Rind, Geflügel oder Gemüse) · ¼ l Sahne

1 Bund Lauchzwiebeln · 2 Bund Bachkresse

4 kleine mehlige Kartoffeln · Traubenkernöl

FÜR DIE EINLAGE:

8 Austern · 4 Jakobsmuscheln

4 kleine Tintenfische · 4 Langostinos

Die Blätter von der Kresse entfernen, die Stiele fein hacken. Die Lauchzwiebeln kleinschneiden, die Kartoffeln schälen und kleinschneiden.

Kressestiele, Lauchzwiebeln und Kartoffeln in Traubenkernöl im Schnellkochtopf anschwitzen, mit der Brühe und der Sahne ablöschen, den Deckel schließen und 5 Minuten kochen lassen.

Alles zusammen mit den Kresseblättern (einige für die Dekoration aufheben) im Küchenmixer pürieren und durch ein Sieb streichen, nochmals aufkochen.

Jakobsmuscheln, Sepia und Langostinos mit Salz und Pfeffer würzen und in Traubenkernöl braten. Die Austern aus der Schale lösen und roh in die Suppenteller geben. Die restlichen Meeresfrüchte dazugeben, die Suppe darübergießen und mit den restlichen Blättern garnieren.

Borschtsch von der Taube

Für 4 Personen
6 Tauben mit Innereien · 1 mittelgroßer Kopf Wirsing
5 rote Bete · 1 Bund Lauchzwiebeln · ¼ l Weißwein
¾ l Geflügelbrühe · Pflanzenfett
3 Eiweiß zum Klären · 200 g Crème fraîche

Die Taubenbrüste auslösen, die Innereien herausnehmen (Herz und Leber) und putzen, den Rest der Tauben mit einem Beil kleinhacken.

Die äußeren grünen Blätter des Wirsings entfernen und in feine Streifen schneiden, im Schnellkochtopf in gesalzenem Wasser 1 Minute blanchieren. 1 rote Bete in feine Streifen schneiden und ebenfalls in Salzwasser im Schnellkochtopf blanchieren. Für die Einlage beiseite stellen.

Die restlichen roten Beten, den restlichen Kohl (mit Strunk) und die Lauchzwiebeln kleinschneiden. Die Taubenkarkassen in heißem Öl anschwitzen, das Gemüse dazugeben und kurz mit anrösten, mit der Brühe und dem Wein ablöschen, den Deckel schließen und ¾ Stunde köcheln lassen. Den Borschtsch durch ein Sieb geben und eine Nacht in den Kühlschrank stellen. Am nächsten Tag das Fett abschöpfen und die erkaltete Brühe mit dem Eiweiß unter ständigem Rühren aufkochen lassen. Durch das Eiweiß kommen die Trübstoffe nach oben und die Brühe wird klar.

Die Brühe durch ein Sieb und ein Tuch passieren und aufkochen.

Die Gemüse für die Einlage kurz in der Brühe erwärmen.

Die Taubenbrüste und die Innereien würzen und in Pflanzenfett von jeder Seite 1 Minute braten, warm stellen.

Die Taubenbrüste einmal durchschneiden. Die roten Beten und den Kohl auf die Suppenteller verteilen, je 3 halbe Brüstchen, die

Leber und ein Herz hineingeben und mit dem Borschtsch auffüllen. Zum Schluß die frische Crème fraîche kalt in die Suppe geben.

Schaum von Krauser Glucke

Für 4 Personen
500 g Krause Glucke (Fette Henne – Pilzart)
2 Schalotten · ¾ l Rinderbrühe · ¼ l Sahne
Pflanzenfett · ¼ l geschlagene Sahne
FÜR DIE EINLAGE:
200 g Krause Glucke
1 kleine Schalotte, in kleine Würfel geschnitten
1 Bund Schnittlauch, in Röllchen geschnitten
Salz und Pfeffer aus der Mühle

Die Krause Glucke sehr gründlich waschen und in der Salatschleuder trocknen, die Schalotten kleinschneiden. Beides in Pflanzenfett im Schnellkochtopf anschwitzen und mit der Brühe und der Sahne ablöschen, den Deckel schließen und 10 Minuten kochen. Mit dem Stabmixer pürieren und durch ein Sieb streichen, nochmals aufkochen und die geschlagene Sahne einmixen.

Für die Einlage die Pilze ebenfalls gründlich waschen und kleinschneiden und mit der Schalotte in Pflanzenfett anschwitzen, mit Salz und Pfeffer aus der Mühle würzen und zum Schluß den Schnittlauch dazugeben.

Die Pilze auf die Teller verteilen und die Suppe daraufgeben.

Eintopf von weißen Bohnen mit provenzalischen Kräutern, Sellerie und Lamm

Für 4 Personen

400 g getrocknete weiße Bohnen · 1 mittelgroßer Knollensellerie

1 Gemüsezwiebel, in kleine Würfel geschnitten

2 EL gehackte Kräuter (Thymian, Rosmarin, Salbei und Petersilie)

2 zerdrückte Knoblauchzehen · 1 kleine Lammkeule

6 cl provenzalischer Weißweinessig

1,5 l Brühe (Rind oder Lamm) · Olivenöl

Die Gemüsezwiebel mit dem Knoblauch in heißem Olivenöl anschwitzen, dann mit der Brühe ablöschen. Die vorher vom Fett befreite Lammkeule hineinlegen und aufkochen lassen, den Dekkel schließen und 30 Minuten kochen lassen, dann die weißen Bohnen und den in größere Würfel geschnittenen Sellerie dazugeben und nochmals mit geschlossenem Deckel 15 Minuten kochen.

Die Keule aus der Brühe nehmen, vom Knochen befreien und aufschneiden und auf die Teller verteilen.

Den Eintopf nochmals aufkochen, den Essig und die Kräuter dazugeben und über das Fleisch geben.

Orientalischer Lammtopf (Rezept Seite 67)

Gemüsekraftbrühe
mit Pistazienklößchen

Für 4 Personen
50 g Staudensellerie · 50 g Knollensellerie
50 g Lauch · 50 g Karotten · 50 g Wirsing
50 g weiße Rübchen · 1 Gemüsezwiebel · 200 g Tomaten
20 g frischer Ingwer · 2 Knoblauchzehen
2 Lorbeerblätter · 1 l Brühe
FÜR DIE KLÖSSCHEN:
200 g Magerquark · 100 g gemahlene Pistazien
2 Eigelb · 1 EL Vollkornweizenmehl
Salz und Pfeffer aus der Mühle

Alle Gemüse putzen, grob schneiden und mit der Brühe im
Schnellkochtopf auf kleiner Flamme 30 Minuten kochen lassen.
Weitere 30 Minuten ziehen lassen, dann das Gemüse herausfischen
und die Suppe nochmals aufkochen und nachschmecken.
Für die Klößchen den Quark gut ausdrücken und mit den restlichen Zutaten mischen. Mit einem kleinen Löffel Nocken ausstechen und diese in der Brühe 15 Minuten ziehen lassen.

Curry-Kokosschaum mit Poularde und Bananen

Für 4 Personen
1 Poularde · 100 g Kokosflocken · 1 TL Curry
1 TL Kurkuma · 2 cl Sherryessig
10 cl weißer Portwein · ¾ l Gemüsebrühe
FÜR DIE EINLAGE:
¼ l geschlagene Sahne · 2 Bananen

Die Schenkel und die Brüste von der Poularde auslösen und von allen Knochen befreien. Mit den anderen Zutaten im Schnellkochtopf aufkochen, den Deckel schließen und 30 Minuten kochen lassen.

Das Fleisch herausnehmen und kleinschneiden. Die Bananen in kleine Scheiben schneiden. Die Suppe aufkochen und die geschlagene Sahne mit dem Stabmixer einschlagen, das Fleisch und die Bananen dazugeben.

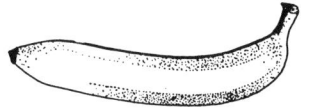

Grünkernsuppe

Für 4 Personen

200 g ganzer Grünkern

1 Gemüsezwiebel, in kleine Würfel geschnitten

1 l Brühe (Geflügel, Rind oder Gemüse)

Pflanzenfett

100 g Champignons, in Viertel geschnitten

2 kleine Zucchini, in Würfel geschnitten

100 g geröstete Pinienkerne · Butter

Salz und Pfeffer aus der Mühle

Die Gemüsezwiebel und die rohen Grünkerne in Pflanzenfett im Schnellkochtopf anschwitzen, mit der Brühe ablöschen, den Deckel schließen und 25 Minuten kochen.

Die Zucchiniwürfel und die Champignonviertel in geklärter Butter anschwitzen, mit Salz und Pfeffer würzen.

Die Grünkernsuppe auf Teller verteilen und die Pinienkerne, die Champignons und die Zucchini in die Mitte geben.

Kichererbseneintopf

Für 4 Personen

400 g Kichererbsen · 1 Gemüsezwiebel

¾ l Brühe (Rind, Geflügel, Gemüse)

2 zerdrückte Knoblauchzehen · ½ TL Sambal Oelek

½ TL gehackter Thymian · 4 feste Tomaten · Olivenöl

Die Gemüsezwiebel in kleine Würfel schneiden und mit dem Knoblauch in Olivenöl im Schnellkochtopf anschwitzen. Die Erbsen dazugeben und mit der Brühe ablöschen, Thymian und Sambal dazugeben, aufkochen, den Deckel schließen und 25 Minuten kochen.

Inzwischen die Tomaten mit kochendem Wasser überbrühen, abziehen, entkernen und in Würfel schneiden. Die Tomaten in der Suppe kurz erhitzen.

Gemüse

Rotkohlroulade mit Backpflaumen und Nüssen

Für 4–6 Personen

400 g gekochtes fertiges Rotkohlgemüse

10 große Rotkohlblätter · 100 g gehackte Backpflaumen

100 g geröstete Pinienkerne · 100 g geröstete Pistazien

FÜR DEN POCHIERSUD:

½ l Rotwein · ½ l Wasser · 10 cl Rotweinessig

2 Lorbeerblätter · 4 Nelken · Salz und Pfefferkörner

Alle Zutaten für den Sud im Schnellkochtopf aufkochen, die Rotkohlblätter hinzugeben, den Deckel schließen, und 2 Minuten kochen lassen.

Die Blätter herausnehmen und die dicken Strünke herausschneiden, die Blätter trockentupfen.

Eine Alufolie mit Butter bestreichen (die Größe der Folie richtet sich nach Ihrem Topf, die Roulade sollte einen Durchmesser von 5 bis 6 cm haben, ist der Topf zu klein, machen Sie zwei Rouladen daraus). Die Pflaumen und die Nüsse unter das Kraut mischen. Die Blätter auf der Folie dicht nebeneinander ausbreiten, das Rotkraut daraufgeben und zu einer Rolle von 5 bis 6 cm Durchmesser formen. Die Roulade in die Alufolie wickeln, an den Rändern gut zudrehen und rund formen, mit einer Gabel rundherum Löcher einstechen. Die fertige Rolle in das Pochierwasser geben, den Deckel schließen und 20 Minuten kochen lassen.

Die Roulade eignet sich zu Wildgerichten oder Geflügel wie Ente, Taube und Wildente.

Schwarzwurzeln im Mangoldblatt

Für 4 Personen
800 g Schwarzwurzeln · 16 große Mangoldblätter
¼ l Sahne · ¼ l Brühe (Gemüse, Rind oder Geflügel)
⅛ l Weißwein · 200 g Crème fraîche
Salz, Pfeffer und Muskat aus der Mühle
50 g Butter · 2 Zitronen · ⅛ l Milch

Die Mangoldblätter 1 Minute in Salzwasser pochieren, kalt abschrecken und gut trockenschleudern.
Die Zitronen auspressen und den Saft zusammen mit der Milch in 2 l kaltes Wasser geben. Die Schwarzwurzeln gut schälen (am besten zweimal) und sofort in das Wasser-Milch-Zitronen-Gemisch legen (dadurch werden sie nicht braun).
Sahne, Brühe und Wein im Schnellkochtopf aufkochen und die auf eine Länge geschnittenen Schwarzwurzeln hineingeben, den Deckel schließen und 4 bis 5 Minuten kochen lassen. Die Wurzeln aus dem Sud nehmen und warm stellen.
Nun die Crème fraîche zum Sud geben, den Deckel wieder schließen und nochmals 5 Minuten kochen lassen.
Die Wurzeln in 4 Portionen teilen und in jeweils 2 Mangoldblätter einrollen, warm stellen.
Die restlichen Mangoldblätter kleinhacken und in die Sauce ge-

ben. Die Sauce mit der Butter binden. Die Schwarzwurzeln mit der Sahnesauce nappieren.

Eignet sich als Beilage für Fischgerichte oder als Hauptgang mit einem Getreiderisotto.

Rote-Bete-Topf

(Foto Seite 17)

Für 6 Personen
200 g Perlgraupen · 1 kleiner Weißkohl
300 g Karotten · 1 Kohlrabi · 1 Stange Porree
300 g rote Bete · 1½ l Gemüsebrühe · 30 g Butter
Salz und Pfeffer aus der Mühle · Saft von 1 Zitrone
200 g saure Sahne · 150 g Crème fraîche
3 EL frisch geriebener Meerrettich · 1 Kästchen Kresse

Die Graupen gut waschen. Das Gemüse putzen, waschen und in kleine Stücke schneiden. Die Graupen und das Gemüse in den Schnellkochtopf geben. Die Brühe dazugießen. Aufkochen lassen und den Topf schließen und 10 Minuten kochen.

Den Topf öffnen und die Butter in Flöckchen unter den Graupeneintopf rühren, dabei den Topf vom Herd nehmen. Mit Salz, Pfeffer und dem Zitronensaft abschmecken.

Die saure Sahne, die Crème fraîche und den Meerrettich verrühren. Zum Servieren auf jede Portion 1 EL Meerrettichcreme und etwas Kresse geben.

In Sesam
paniertes Steckrübenschnitzel

Für 4 Personen

1 Steckrübe von ca. 500 g · 200 g Sesam · 2 Eier

Salz, Pfeffer und Muskat aus der Mühle

Sonnenblumenöl

Die Steckrübe schälen und in 2 cm dicke Scheiben schneiden. Mit einem Ausstecher runde Scheiben ausstechen. Diese in gesalzenem Wasser im Schnellkochtopf 4 Minuten kochen. Aus dem Wasser nehmen und etwas abkühlen lassen.

Die Eier mit den Gewürzen verquirlen. Die Steckrüben zuerst in den Eiern, anschließend im Sesam wenden.

Das Öl in einer Teflonpfanne heiß werden lassen und die Schnitzel von beiden Seiten goldgelb backen.

Die Schnitzel eignen sich als Hauptgericht oder — etwas kleiner ausgestochen — als Beilage.

Gemüse von roten Zwiebeln

Für 8–10 Personen

500 g rote Zwiebeln · 2 EL Honig

10 cl Aceto Balsamico (mindestens 10 Jahre alt)

5 cl Cassislikör

⅛ l Cassismark (pürierte schwarze Johannisbeeren)

⅛ l Rotwein · Salz und Pfeffer aus der Mühle

Traubenkernöl

Die Zwiebeln in kleine Würfel schneiden und in dem Traubenkernöl anschwitzen, ohne daß sie Farbe annehmen. Alle übrigen
Zutaten dazugeben, den Deckel schließen und 20 Minuten köcheln lassen. Die Flüssigkeit sollte fast verkocht sein.

Das Gemüse eignet sich als Beilage zu Lamm- und Grillgerichten.

Linsengemüseküchlein mit Kurkuma

Für 4 Personen

300 g rosa Linsen

1 Gemüsezwiebel, in kleine Würfel geschnitten

100 g roher Sellerie, geraspelt · 100 g rohe Karotten, geraspelt

2 EL Vollkornbrösel · 3 Eigelb

Salz und Pfeffer aus der Mühle · 1 TL Kurkuma

Pflanzenfett

Die Linsen in Wasser ohne Salz im Schnellkochtopf 10 Minuten kochen (sie müssen nicht vorher eingeweicht werden).
Die Linsen mit den anderen Zutaten gut mischen. Zu Küchlein formen und in einer Teflonpfanne in Pflanzenfett bei schwacher Hitze goldgelb backen.

Kürbisragout

Für 4 Personen

400 g frischer Kürbis · 100 g geröstete Kürbiskerne

1 Gemüsezwiebel, in kleine Würfel geschnitten · 4 Pfirsiche

50 g frischer geriebener Ingwer

abgeriebene Schale von 2 Zitronen

Saft von 2 Zitronen · 6 cl weißer Portwein

5 cl Sherryessig · 2 EL Fruchtzucker · $\frac{1}{8}$ l Weißwein

$\frac{1}{8}$ l Geflügelbrühe · Mark von 1 Vanillestange

1 TL Kurkuma · Salz und Pfeffer aus der Mühle

150 g Crème fraîche

Den Kürbis schälen und in $\frac{1}{2}$ cm dicke und 2 cm lange Stäbchen schneiden. Die Pfirsiche ebenfalls in gleich starke Streifen schneiden (vorher die Haut abziehen).

Die Zwiebel in etwas Traubenkernöl im Schnellkochtopf anschwitzen, ohne Farbe nehmen zu lassen. Mit Ingwer, Salz, Pfeffer und Kurkuma würzen, ablöschen mit Portwein, Brühe, Weißwein und Sherryessig. Den Fruchtzucker, das Vanillemark und die Crème fraîche dazugeben, den Deckel schließen und 10 Minuten kochen lassen.

Nach 10 Minuten den Deckel öffnen und den Kürbis noch 2 Minuten mitkochen, zum Schluß die Pfirsiche und die Kürbiskerne hineingeben.

Chinakohl gefüllt
mit Pfifferlingsrisotto

Für 4 Personen

1 Kopf Chinakohl · 120 g Naturreis

300 g kleine Pfifferlinge · 1 Gemüsezwiebel

1 Bund Schnittlauch, in Röllchen geschnitten · ¼ l Gemüsebrühe

Salz und Pfeffer aus der Mühle · Pflanzenmargarine

100 g geschlagene Sahne

Den Reis im Schnellkochtopf 15 Minuten kochen, die Chinakohlblätter 1 Minute blanchieren.

Die Gemüsezwiebel in kleine Würfel schneiden. Die Pfifferlinge
putzen, die Stiele dabei mit einem Messer leicht abschaben. Die
Pilze möglichst ganz lassen, sind sie zu groß, halbieren.

Die Zwiebel in Pflanzenmargarine anschwitzen, die Pilze dazugeben und würzen. Den Reis dazugeben und mit der Brühe ablöschen. Fast einkochen lassen, zum Schluß den Schnittlauch und
die geschlagene Sahne unterheben.

Die Chinakohlblätter gut trockentupfen und mit dem Risotto
füllen.

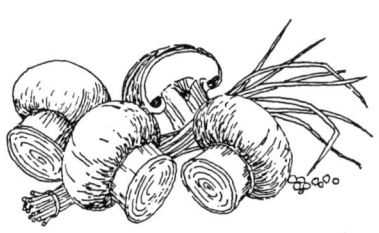

Wirsingkohlblätter gefüllt mit Linsen

Für 4 Personen

8 Wirsingkohlblätter · 200 g grüne Linsen

100 g Kokosraspeln · 1 Gemüsezwiebel · 2 Knoblauchzehen

1 Mango · 1 TL Kurkuma

Salz und Pfeffer aus der Mühle · 8 cl Sake (Reiswein)

2 cl Sherryessig · ¼ l Geflügelbrühe

¼ l Crème fraîche

Die uneingeweichten Linsen im Schnellkochtopf ohne Salz 10 Minuten kochen, die Kohlblätter 1 Minute blanchieren.

Die Zwiebel kleinschneiden, den Knoblauch pressen. Die Mango zur Hälfte in kleine Würfel schneiden, die andere Hälfte pürieren.

Die Zwiebel in Traubenkernöl anschwitzen, ohne Farbe nehmen zu lassen. Die Linsen dazugeben und würzen, mit Sake, Essig, Brühe und Crème fraîche ablöschen, den Deckel schließen und 5 Minuten kochen lassen. Zum Schluß das Mangopüree, die Kokosflocken und die Mangostücke dazugeben und in die abgetrockneten Kohlblätter füllen.

Rote-Bete-Parfait

Für 6 Personen

300 g rote Bete · ¼ l Buttermilch · 6 Blatt Gelatine

Salz und Pfeffer aus der Mühle

100 g geschlagene Sahne

Die roten Beten schälen und in gesalzenem Essigwasser 20 Minuten im Schnellkochtopf kochen.

100 g rote Bete in kleine Würfel schneiden, den Rest im Küchenmixer mit der Buttermilch mixen und pürieren, durch ein Sieb streichen. Die Gelatine einweichen, in etwas Sahne auflösen und untermischen, würzen.

Zieht die Masse an, die geschlagene Sahne unterziehen und das Parfait in eine Terrinenform oder in einzelne Timbalen füllen. Für 5 Stunden kühl stellen.

Mit lauwarmem Rote-Bete-Salat servieren.

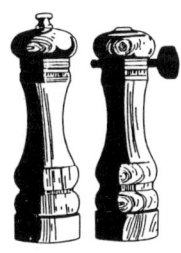

Gemüseflan

Für 4 Personen

400 g Gemüse nach Wahl · 40 g Pflanzenmargarine

100 g Sahne · 1 Ei · 1 Eigelb

Salz und Pfeffer aus der Mühle

Das Gemüse kleinschneiden und in der Margarine im Schnellkochtopf anschwitzen, ohne daß es Farbe annimmt. Mit Salz und
Pfeffer würzen und mit der Sahne ablöschen, den Deckel schließen und 5 Minuten kochen.
Nach dem Kochen im Küchenmixer pürieren und durch ein Sieb
streichen, abkühlen lassen und das Ei und das Eigelb untermischen.
Das Gemüsemark in gebutterte Timbaleförmchen füllen und in
den Schnellkochtopf ins Wasserbad stellen (¾ bedeckt), den Dekkel schließen und 10 Minuten pochieren.

Servierbeispiele:

Blumenkohlflan mit Hummer und Blumenkohlröschen
Roter Paprikaflan mit Geflügelragout und Paprikawürfel
Karottenflan mit Gemüseragout
Erbsenflan mit Kalbsbries in Schnittlauchsauce

Getreide

Vollkorncrêpe
gefüllt mit Gemüseragout

Für 4 Personen

FÜR DEN CRÊPETEIG:

100 g Vollkornweizenmehl · 200 g Sahne · 2 Eigelb

1 Bund gehackte Petersilie · Salz und Pfeffer aus der Mühle

FÜR DIE FÜLLUNG:

100 g gekochte Weizenkörner

*400 g gemischtes Gemüse nach Wahl (z. B. Karotten,
Kohlrabi, Broccoli, Blumenkohl, Bohnen)*

¼ l Brühe (Rind, Geflügel oder Gemüse) · ¼ l Sahne

1 Bund gehackter Kerbel · 2 Schalotten

2 cl Sherry · 1 cl Sherryessig

2 EL geschlagene Sahne · Butter

Den Crêpeteig herstellen und 2 Stunden ruhen lassen.
Das Gemüse je nach Art tournieren, Röschen oder Kugeln aus-
stechen, in Stifte oder in Würfel schneiden und im Schnellkoch-
topf 3 Minuten im Salzwassr kochen. Anschließend im kalten
Wasser abschrecken und gut abtropfen lassen.
Die Weizenkörner im Schnellkochtopf ohne Salz 10 Minuten ko-
chen.
Die Schalotten in kleine Würfel schneiden.
Aus dem Crêpeteig 4 große Pfannkuchen in Pflanzenfett ausbak-

ken. Die Schalotten in geklärter Butter anschwitzen, die Gemüse dazugeben und mit Salz und Pfeffer würzen. Anschließend die Gemüse aus der Pfanne nehmen.

Die Pfanne mit Sahne, Brühe, Essig und Sherry ablöschen und um ein Drittel reduzieren. Das Gemüse wieder hineingeben und nochmals kurz aufkochen, den gehackten Kerbel (einige Blättchen zum Garnieren zurückbehalten) und die geschlagene Sahne unterziehen.

Das Ragout in die Crêpes füllen, die Crêpes halb zuklappen und mit Kerbel dekorieren.

Weizenrisotto mit buntem Gemüse

Für 4 Personen
150 g Weizenkörner · 1 Schalotte
2 zerdrückte Knoblauchzehen
¼ l Brühe (Rind, Geflügel oder Gemüse)
Salz und Pfeffer aus der Mühle · Pflanzenfett
2 Kohlrabi · 1 Zucchino · 1 rote Paprika
1 Bund Staudensellerie · 1 Bund Kerbel gehackt
1 Bund Petersilie gehackt

Schalotte, Kohlrabi, Zucchino, Paprika und Sellerie putzen und in kleine Würfel schneiden.

Die Schalotten und den Knoblauch in Pflanzenfett im Schnellkochtopf anschwitzen, den rohen Weizen dazugeben, mit der Brühe ablöschen, den Deckel schließen und 15 Minuten kochen lassen.

Das kleingeschnittene Gemüse in Olivenöl anschwitzen und mit Salz und Pfeffer würzen. Das Gemüse und die gehackten Kräuter unter die Weizenkörner mischen.

Das Risotto eignet sich als Tellergericht oder als Beilage.

Hühnerbrüstchen auf Grünkernrisotto (Rezept Seite 74)

Raviolivariationen

Für 6–8 Personen

GRUNDREZEPT:

1 kg Weizenvollkornmehl · 6 Eier

2 EL Olivenöl · Salz

Aus den Zutaten einen Teig herstellen und 2 Stunden ruhen lassen.

Auf einer bemehlten Arbeitsplatte den Teig so dünn wie möglich ausrollen und Quadrate ausstechen. Diese mit der gewünschten Füllung belegen, die Teigränder mit Eigelb bestreichen, die Quadrate zu- und die Ränder fest andrücken. Die Ravioli im Schnellkochtopf 5 Minuten kochen, anschließend in geklärter Butter oder Pflanzenmargarine in einer beschichteten Pfanne schwenken, mit Salz und Pfeffer würzen.

Füllungen:

1. Gehackter Spinat und Käsewürfel, z.B. Ricotta, Gorgonzola, Gouda
2. Schafkäsewürfel, gehackte Oliven, Peperoni, dazu Olivensauce
3. Würfel von gekochter rote Bete und Knollensellerie in Schnittlauch-Sauerrahmsauce
4. Angemachter Quark mit Kräutern in Kerbelsauce
5. Kleine Würfel von Pilzen (je nach Jahreszeit), angeschwitzt mit kleinen Schalotten und abgelöscht mit Sahne; diese fast einkochen, dazu eine Rahmsauce mit Pilzen
6. Gefüllt mit $\frac{1}{3}$ Gorgonzola, $\frac{1}{3}$ Parmesan und $\frac{1}{3}$ Quark und mit Parmesan gratiniert
7. Gefüllt mit bunten Gemüsewürfeln (vorher angeschwitzt und gewürzt) als Einlage für eine Gemüsesuppe
8. Gefüllt mit Fischfarce und Muscheln in einer Fischkräutersauce

9. Tomatenwürfel, Mozzarellawürfel und gehacktes Basilikum in einer Tomatensauce
10. Geräucherte Enten- oder Gänsebrust, in kleine Würfel geschnitten, in Himbeeressigsauce

Grünkernroulade im Mangoldblatt

Für 6 Personen

200 g Grünkern · 1 l Brühe · 150 g frische Erbsen

150 g Karotten, in Perlen ausgestochen · 1 Bund Lauchzwiebeln

100 g Crème fraîche · 3 Eier

Salz und Pfeffer aus der Mühle

1 Bund Schnittlauch, in Röllchen geschnitten

10 große Mangoldblätter · Pflanzenfett · 300 g Gruyère

2 Eigelb · ⅛ l Sahne

Den Grünkern im Schnellkochtopf 15 Minuten kochen.
Die Erbsen und die Karottenperlen im Schnellkochtopf in gesalzenem Wasser 3 Minuten kochen. Die Mangoldblätter 1 Minute blanchieren, sofort kalt abschrecken und gut trockentupfen.
Die Lauchzwiebeln in dünne Scheiben schneiden und in Pflanzenfett anschwitzen, die Erbsen und Karotten dazugeben und mit Salz und Pfeffer würzen.
200 g Gruyère in kleine Würfel schneiden, die restlichen 100 g reiben. Die Crème fraîche mit den 3 Eiern mischen, mit Salz und Pfeffer würzen und den Schnittlauch dazugeben.
Eine Auflaufform ausfetten und mit Mangoldblättern auslegen. Grünkern, Gemüse, Käsewürfel und die Eiercreme mischen und auf den Mangold geben, mit Mangoldblättern bedecken. Mit dem geriebenen Käse bestreuen. Die 2 Eigelb mit der Sahne mischen und über den Käse geben.
Im Backofen bei 200 Grad 25 bis 30 Minuten backen.

Gratin von Weizen und Kohlrabi

Für 4 Personen

2 große Kohlrabi mit Grün · 200 g Weizenkörner

200 g Emmentaler · ¼ l Sahne

Salz, Pfeffer und Muskat aus der Mühle

2 Schalotten, in kleine Würfel geschnitten · Pflanzenfett

Die Kohlrabi schälen, die kleinen grünen Blätter abzupfen und zur Seite legen. Die Kohlrabiabfälle und die restlichen grünen Blätter mit etwas Salz und Pfeffer und ⅜ l Wasser im Schnellkochtopf aufkochen, den Deckel schließen und 15 Minuten köcheln lassen, abpassieren und ¼ l abmessen.

Die Weizenkörner im Schnellkochtopf im Wasser ohne Salz 15 Minuten kochen.

Den Emmentaler reiben. Die Kohlrabibrühe mit der Sahne aufkochen und würzen. Die Kohlrabiblätter in kleine Streifen schneiden und in die Brühe geben, den Deckel schließen und 5 bis 7 Minuten köcheln lassen.

Die Weizenkörner mit den Schalotten in Pflanzenfett anschwitzen und mit Salz und Pfeffer würzen.

Die Körner und die Kohlrabiblätter miteinander mischen, den Käse darübergeben und unter dem Grill gratinieren.

Gemüse-Roggen-Plätzchen
mit Tomaten und Käse gratiniert

Für 4 Personen
200 g Roggenkörner · 2 mittelgroße Zucchini
1 große Aubergine · 2 rote Zwiebeln
2 Knoblauchzehen · 1 TL gehackter Thymian
Salz und Pfeffer aus der Mühle · 4 Eigelb
Weckmehl (feingeriebene altbackene Vollkornsemmeln)
2 Fleischtomaten · 200 g Pecorino (harter Schafkäse)

Die Roggenkörner im Schnellkochtopf im Wasser ohne Salz 15 Minuten kochen.

Die Zucchini, die Zwiebeln und die Aubergine in kleine Würfel schneiden. Das Gemüse in heißem Olivenöl anschwitzen, mit Salz, Pfeffer und durchgepreßtem Knoblauch würzen, den Thymian dazugeben. Das Gemüse und die Körner abkühlen lassen und mischen, die Eigelb dazugeben und mit Weckmehl binden.

Roggenplätzchen formen und in Olivenöl vorsichtig von beiden Seiten auf kleiner Flamme braten.

Die Tomaten in Scheiben schneiden und den Käse reiben. Die Tomatenscheiben auf die Plätzchen legen, mit dem Käse bestreuen und unter dem Grill gratinieren.

Buchweizenschnitte

Für 4 Personen

200 g Buchweizenkörner · 50 g Buchweizenschrot
2 Gemüsezwiebeln · 200 g Karotten
Pflanzenfett · $\frac{1}{2}$ l Gemüse- oder Rinderbrühe
Salz und Pfeffer aus der Mühle
2 Knoblauchzehen · 1 TL gehackter Thymian
2 Eigelb · 2 Eier · $\frac{1}{4}$ l Sahne
600 g Austernpilze · 200 g geriebener Parmesankäse

Die Zwiebeln würfeln, die Karotten schälen und in dünne Scheiben schneiden. Zwiebeln und Karotten im Schnellkochtopf in Pflanzenfett anschwitzen, die Körner dazugeben und ebenfalls kurz mit anschwitzen, mit der Brühe ablöschen, den Deckel schließen und 15 Minuten kochen lassen.

Die Pilze putzen und ebenfalls in Pflanzenfett anschwitzen und mit Salz und Pfeffer würzen.

Eier, Eigelb, Sahne, durchgedrückten Knoblauch und Thymian verquirlen und mit Salz und Pfeffer würzen.

Die Körner aus dem Topf nehmen und die Brühe abtropfen lassen, $\frac{1}{8}$ l davon abmessen.

Körner, Buchweizenschrot, die Brühe und die Eiersahne mischen. Eine Auflaufform ausbuttern, die Masse einfüllen und glattstreichen, die Pilze darübergeben und den Parmesan über die Pilze streuen. Die Auflaufform in den auf 200 Grad vorgeheizten Backofen geben und 15 bis 20 Minuten backen.

Danach in kleine Schnittchen schneiden und dazu eine Schnittlauch-Joghurt-Sauce servieren.

Hirsepfanne auf arabische Art

Für 4 Personen

200 g Hirsekörner · 200 g Karotten · 100 g rosa Linsen

1 frische kleine grüne Chilischote

2 Knoblauchzehen · 1 Bund Lauchzwiebeln

100 g Sahne · 100 g Joghurt

1 TL Kurkuma · 1 Prise Zimt · 1 Prise Kardamom

1 Prise gemahlener Kreuzkümmel

Salz und Pfeffer aus der Mühle · Olivenöl

Die Hirsekörner im Schnellkochtopf im Wasser ohne Salz 10 Minuten kochen, die rosa Linsen 8 Minuten kochen.

Die Karotten schälen und in kleine Würfel schneiden. Die Lauchzwiebeln in feine Ringe schneiden. Die Chilischote fein würfeln, den Knoblauch pressen.

Zuerst die Lauchzwiebeln im Olivenöl anschwitzen, dann die Karotten, die Chilischote, die Linsen und Hirsekörner, den Knoblauch und alle Gewürze dazugeben. Nun die Sahne unterrühren und etwas einkochen lassen, evtl. nochmals nachwürzen. Zum Schluß den Joghurt hinzufügen, aber nicht mehr kochen lassen.

Gerstenpizza
mit Tomaten, Mozzarella und Basilikum

Für 4 Personen
200 g frischgemahlenes Gerstenmehl
100 ml lauwarmes Wasser · 10 g Hefe
1 Prise Zucker · etwas Salz
FÜR DEN BELAG:
200 g Gerstenkörner · 400 g Mozzarella · 4 Fleischtomaten
1 Bund Basilikum · 200 g Crème fraîche
Salz und Pfeffer aus der Mühle

Den Pizzateig herstellen, gut durchkneten und an einem warmen Ort eine halbe Stunde gehen lassen. Nochmals kneten und eine halbe Stunde gehen lassen. Den Teig auf einem gefetteten Backblech ausrollen und mit einer Gabel einstechen.

Für den Belag die Gerstenkörner im Schnellkochtopf im ungesalzenen Wasser 10 Minuten kochen lassen.

Den Mozzarella in Scheiben schneiden. Die Tomaten überbrühen, abziehen und entkernen und in Achtel schneiden. Das Basilikum hacken und unter die Crème fraîche geben und mit Salz und Pfeffer würzen.

Die Tomaten, den Käse und die Gerstenkörner auf dem Teig verteilen und die Basilikumcreme darübergeben. Im Backofen bei 200 Grad 35 Minuten backen.

Überbackenes Dinkelmüsli

Für 4 Personen

200 g Dinkelkörner · 2 Schalotten, in kleine Würfel geschnitten

1 Bund Schnittlauch, in Röllchen geschnitten

300 g geriebener Greyerzerkäse · Pflanzenfett

Salz und Pfeffer aus der Mühle

Den Dinkel im Schnellkochtopf im ungesalzenen Wasser 15 Minuten kochen. Die Schalotten in Pflanzenfett anschwitzen, den Dinkel dazugeben und mit Salz und Pfeffer würzen, den Schnittlauch untermischen. Das Müsli in feuerfeste Schalen geben und mit dem Käse überbacken.

Fleisch, Wild und Geflügel

Pochiertes Kalbsfilet

Für 4 Personen
1 Kalbsfilet · 1½ l Rinderfond
¼ l Sahne · 8 cl Sherry · 2 cl Sherryessig
2 Bund Schnittlauch, in Röllchen geschnitten · 50 g Butter
2 EL geschlagene Sahne

Das Kalbsfilet parieren, mit Salz und Pfeffer würzen und im Schnellkochtopf von allen Seiten scharf anbraten. Mit dem Rinderfond auffüllen, die Parüren auch mit dazugeben, den Fond aufkochen lassen, den Deckel schließen und 15 Minuten auf kleiner Flamme kochen. Das Filet herausnehmen, in Alufolie einpakken und warm stellen.

Für die Sauce ½ l von dem Pochierfond absieben, Sahne, Sherry und Essig dazugeben und um ein Drittel einkochen, Schnittlauch, Butter und geschlagene Sahne hinzufügen und mit dem Stabmixer schaumig rühren.

Das Filet aus der Folie holen und den ausgelaufenen Fleischsaft noch zur Sauce geben. Das Fleisch in dünne Tranchen schneiden und in die Mitte des Serviertellers legen, mit kleinen jungen blanchierten Gemüsen umlegen und diese dann mit der Schnittlauchsauce nappieren.

Gefüllter Kalbsbraten

Für 4 Personen

1,5 kg Kalbfleisch aus der Keule

100 g grüner Speck (frischer ungeräucherter Speck)

1 eingeweichtes Vollkornbrötchen · 200 g Zwiebel

200 g Austernpilze · 200 g Gänsestopfleber · 2 Eigelb

Salz und Pfeffer aus der Mühle · Pflanzenöl

200 g Kalbfleisch, das Brötchen und die Zwiebeln durch die feine
Scheibe des Fleischwolfes drehen.

Die Austernpilze und die Gänsestopfleber in kleine Würfel schneiden.

In das Kalbfleisch eine große Tasche schneiden. Das Hackfleisch
mit den Pilzen und der Leber mischen, Eigelb und Gewürze unterrühren und in die Keule füllen, diese mit einer Schnur zubinden.

Die Keule im Schnellkochtopf in heißem Öl von allen Seiten anbraten, den Deckel schließen und 40 Minuten braten.

Kalbsbries auf Steckrübennudeln

Für 4 Personen

500 g Kalbsbries · 1 Karotte · 1 Stange Lauch

½ kleinen Sellerie · 2 Zitronen · 1 Lorbeerblatt

weiße Pfefferkörner · Meersalz · Pflanzenmargarine

½ l Kalbsjus oder Rinderfond · ¼ l Sahne

4 cl weißer Portwein · 2 cl Sherryessig

50 g weiße Trüffelpaste · 50 g Butter · 2 EL geschlagene Sahne

1 kleine frische Trüffel (Sommertrüffel)

¼ l Brühe · ¼ l Sahne

Salz und Pfeffer aus der Mühle

1 kleine Steckrübe

Im Schnellkochtopf 1 l Wasser mit der Karotte, dem Lauch und dem kleingeschnittenen Sellerie, den in Scheiben geschnittenen Zitronen, dem Lorbeerblatt, dem Salz und den Pfefferkörnern zum Kochen bringen, das Bries hineingeben, den Deckel schließen und das Bries 10 Minuten auf kleiner Flamme köcheln lassen.

Für die Nudeln die Steckrübe schälen und in feine Scheiben schneiden (am besten mit der Brot- oder Aufschnittmaschine), dann in breite Streifen schneiden, so daß sie wie Bandnudeln aussehen.

Für die Sauce Jus, Sahne, Portwein, Essig, Trüffelpaste und Butter im Schnellkochtopf um ein Drittel einkochen. Dann mit der geschlagenen Sahne mit dem Stabmixer schaumig aufschlagen.

Die Steckrübennudeln in der Mischung aus Sahne und Brühe, gewürzt mit Salz und Pfeffer, im Schnellkochtopf 5 Minuten kochen.

Das pochierte Bries putzen (d.h. Haut und Sehnen entfernen) und in Scheiben schneiden, mit Salz und Pfeffer würzen und in

Pflanzenmargarine bei geringer Hitze von beiden Seiten kurz anbraten.

Die Steckrübennudeln ohne Flüssigkeit in die Mitte des Tellers geben, das Bries darauflegen und mit der Sauce überziehen. Mit frisch gehobelten Trüffelscheiben garnieren.

Ragout vom Kaninchen in der Kohlrabiknolle

Für 4 Personen
4 kleine Kohlrabi mit Grün
2 Kaninchenrücken mit Leber und Nierchen
200 g Champignons · Pflanzenfett
¼ l Fond (Kaninchen- oder Geflügelbrühe) · ¼ l Sahne
4 cl Sherry · 2 cl Sherryessig · 2 EL geschlagene Sahne
2 EL gehackte Kohlrabiblätter

Den Rücken auslösen und in kleine Ragoutstücke schneiden, die Pilze putzen und vierteln.

Die Rückenstücke und die Pilze im Schnellkochtopf in Pflanzenfett anschwitzen, mit Salz und Pfeffer würzen und mit Fond, Sahne, Sherry und Essig ablöschen. Den Deckel schließen und 10 Minuten köcheln lassen.

Die Leberstücke kleinschneiden und mit den Nierchen in Pflanzenfett kurz anschwitzen. Leber, Nierchen und Kohlrabiblätter unter das Ragout mischen, die geschlagene Sahne unterziehen.

Von den Kohlrabi Deckel abschneiden, die kleinen grünen Blättchen daranlassen. Die Kohlrabi schälen und aushöhlen. Im Salzwasser im Schnellkochtopf 5 Minuten kochen; den Deckel mit dem Grün 1 Minute pochieren.

Das Ragout in die Knolle füllen, den Deckel daraufsetzen.

Gebratene Kalbsleber mit Pflaumenchutney

Für 4 Personen
500 g Kalbsleber am Stück
FÜR DAS CHUTNEY:
1 kg Pflaumen, geviertelt und entsteint · 250 g Fruchtzucker
50 g Sultaninen · 100 g frischer geriebener Ingwer
1 kleine rote Chilischote, in kleine Würfel geschnitten
¼ TL gemahlener Koriander · 1 Zimtstange · 2 Nelken
¼ l Himbeeressig · ⅛ l Zitronenessig
30 g gehackte Mandeln · 30 g gehackte Pistazien
Pflanzenfett

Den Fruchtzucker im Schnellkochtopf leicht karamelisieren lassen, die Pflaumen dazugeben (200 g als Einlage zurückbehalten), die Gewürze dazugeben und mit den beiden Essigsorten ablöschen. Den Deckel schließen und 10 Minuten kochen lassen, durch ein Sieb passieren und die restlichen Pflaumen und die Nüsse dazugeben.

Die Leber von beiden Seiten würzen und im Schnellkochtopf in Pflanzenfett von beiden Seiten anbraten, den Deckel schließen und 15 Minuten auf kleiner Flamme garen.

Die Kalbsleber in dünne Scheiben schneiden und mit dem Chutney servieren.

Orientalischer Lammtopf

(Foto Seite 35)

Für 4 Personen

---

150 g Kichererbsen · 500 g Auberginen

---

60 g Weizenschrot · 600 g Lammfleisch (Keule)

---

2 große Zwiebeln · 4 EL Öl · 2 Knoblauchzehen

Salz und Pfeffer aus der Mühle · 1 TL Korianderpulver

---

1 TL Zimtpulver · 2 EL Tomatenmark · ¼ l Fleischbrühe

---

1 grüne Paprikaschote · 50 g Pinienkerne

---

4 gehäufte EL Joghurt

Die Kichererbsen 12 Stunden in Wasser einweichen.

Die Auberginen in große Würfel schneiden und mit Salz bestreut zugedeckt in einer Schüssel 30 Minuten stehenlassen. Den Weizenschrot in Wasser einweichen.

Das Lammfleisch in kleinere Würfel schneiden. Die Zwiebeln schälen und fein hacken. Das Öl im Schnellkochtopf erhitzen, Zwiebeln und Fleisch darin gut anbraten. Den durchgepreßten Knoblauch, Salz, Pfeffer, Koriander, Zimt und Tomatenmark dazugeben. Die abgetropften Kichererbsen hinzufügen und mit der heißen Fleischbrühe aufgießen. Den Schnellkochtopf schließen und den Lammtopf 15 Minuten garen.

Inzwischen die Paprikaschote putzen, waschen und in Streifen schneiden. Die Auberginenwürfel mit Wasser abspülen und abtropfen lassen.

Den Schnellkochtopf öffnen, die Paprikastreifen und die Auberginenwürfel sowie den abgetropften Weizenschrot dazugeben, den Topf wieder schließen und alles nochmals 3 Minuten auf der Schonstufe garen.

Den Schnellkochtopf öffnen, die Pinienkerne unter das Gericht rühren und kräftig nachwürzen. Beim Servieren etwas Joghurt auf jede Portion geben.

Rehkeule, kurz gebraten

Für 4–6 Personen
1 Rehkeule · ½ l Rehjus · ¼ l Rotwein · 6 cl Gin
4 cl Portwein · ⅛ l Cassispüree
100 g Wildpreiselbeeren · 50 g Meerrettich aus dem Glas
Pfeilwurzelmehl zum Binden · Pflanzenfett

Die Rehkeule von dem Knochen befreien. Die Knochen kleinhacken. Die Rehkeule würzen und im Schnellkochtopf in heißem
Pflanzenfett von allen Seiten scharf anbraten. Aus dem Topf nehmen, dann die Knochen wieder im Fett anschwitzen, die Keule
wieder dazugeben und mit dem Rotwein und dem Fond ablöschen. Aufkochen und den Deckel schließen und ca. 20 Minuten
braten.

Die Keule aus dem Topf nehmen und warm stellen. Den Fond
passieren, Gin, Portwein, Cassis, Preiselbeeren und Meerrettich
dazugeben und nochmals etwas einkochen.

Die Keule aufschneiden und mit Beilagen servieren.

Als Beilage eignen sich:

Pilze, Rotkraut, Rosenkohl, Wirsing, karamelisierte rote Bete;
Semmelknödel, Gnocchi, Kartoffelpüree, Kartoffelplätzchen.

Perlhuhn mit Reis-Pilz-Füllung

Für 4 Personen

1 großes Perlhuhn · 50 g Naturreis

1 große Karotte · 1 mittelgroßer Zucchino

200 g Steinpilzchampignons

2 Schalotten, in Würfel geschnitten · Pflanzenfett

2 EL gehackte Petersilie · 2 EL gehackter Thymian

2 Eier · Salz und Pfeffer aus der Mühle

Den Reis im Schnellkochtopf im ungesalzenen Wasser 10 Minuten kochen.

Karotte und Zucchino in kleine Würfel schneiden. Die Pilze putzen und kleinhacken.

Karotte, Zucchino, Champignons und Schalotten in Pflanzenfett anschwitzen, mit Salz und Pfeffer würzen, abkühlen lassen.

Das Gemüse mit den restlichen Zutaten mischen, in das Perlhuhn füllen, das Huhn zunähen und mit Salz und Pfeffer würzen.

Das Perlhuhn im Schnellkochtopf von allen Seiten in Pflanzenfett anbraten, den Deckel schließen und 30 Minuten braten.

Gebratene Wachtel mit Erbsenflan in Schnittlauchsauce

Für 4 Personen
4 Wachteln
FÜR DIE SAUCE:
⅛ l Gemüsebrühe · ⅛ l Sahne · 4 cl Noilly Prat
2 cl Sherryessig · 1 Bund Schnittlauch, in Röllchen geschnitten
100 g frische Erbsen, gekocht
FÜR DEN FLAN:
400 g frische Erbsen · 50 g Margarine · 200 g Sahne
3 Eier · Salz und Pfeffer aus der Mühle

Die Keulen und die Schenkel von der Wachtel auslösen, mit Salz und Pfeffer würzen und im Schnellkochtopf von beiden Seiten anbraten, den Deckel schließen und 3 Minuten braten. Die Wachtelteile herausnehmen und warm stellen.

Den Fond mit der Brühe, der Sahne, Noilly Prat und Essig ablöschen und um ein Drittel einkochen, durch ein Sieb passieren und die 100 g gekochten Erbsen und den Schnittlauch dazugeben.

Für den Flan die rohen Erbsen in der Margarine im Schnellkochtopf anschwitzen, mit der Sahne auffüllen, den Deckel schließen und 4 Minuten kochen. Danach im Küchenmixer pürieren und durch ein Sieb streichen. Erkalten lassen, die Eier unterrühren und mit Salz und Pfeffer würzen. Die Flanmasse in vier gebutterte Timbaleförmchen füllen, so daß sie zu drei Viertel voll sind. Im Schnellkochtopf im Wasserbad 10 Minuten pochieren.

Je einen Flan in die Mitte jedes Tellers geben, mit der Wachtel umlegen und mit der Sauce nappieren.

Gedämpfte Nordseefische im Reisblatt mit grünem Meerrettich
(Rezept Seite 79)

Gefüllte Ente

Für 4 Personen
1 große Ente
400 g Kartoffeln · 250 g Entenleber
2 Schalotten, in kleine Würfel geschnitten
2 EL gehackte Petersilie · 1 EL gehackter Majoran
1 EL gehackter Salbei
Salz, Pfeffer und Muskat aus der Mühle
2 Eier · Pflanzenfett zum Braten

Die Kartoffeln schälen und im Schnellkochtopf 10 Minuten kochen, ausdampfen lassen und durch die Kartoffelpresse drücken.
Die Entenleber in kleine Würfel schneiden und mit den Schalotten in Pflanzenfett anschwitzen, mit Salz und Pfeffer würzen.
Entenleber und Kartoffeln abkühlen lassen, mit den restlichen Zutaten mischen und in die Ente füllen, diese zunähen.
Die Ente im Schnellkochtopf von allen Seiten in Pflanzenfett scharf anbraten, den Deckel schließen und ca. 40 Minuten braten.

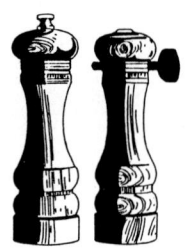

Poulardenbrust
gefüllt mit Steinpilzen

Für 4 Personen

2 große Poulardenbrüste · 2 große Mangoldblätter

200 g frische Steinpilze · 1 Bund Petersilie, gehackt

1 Schalotte, in Würfel geschnitten · etwas Sahne

Salz und Pfeffer aus der Mühle

2 große Schweinenetze (beim Metzger bestellen)

Pflanzenfett · Traubenkernöl

FÜR DIE SAUCE:

40 g getrocknete Steinpilze · Steinpilzabfälle von der Füllung

1 Schalotte, in Würfel geschnitten · ¼ l Geflügeljus

¼ l Sahne · 6 cl trockener Weißwein

2 cl weißer Portwein · 2 cl Weißweinessig

Die Mangoldblätter in kochendem Salzwasser 30 Sekunden blanchieren, kalt abschrecken und trockentupfen.

Die Steinpilze putzen (die Abfälle für die Sauce aufheben) und in kleine Würfel schneiden. Mit der Schalotte in Pflanzenfett anschwitzen, mit Salz und Pfeffer würzen und mit etwas Sahne ablöschen. Diese fast einkochen lassen und die Petersilie dazugeben.

In die Poulardenbrüste eine Tasche einschneiden, mit den Mangoldblättern auslegen und die Pilzmasse hineinfüllen. Die Poulardenbrust in das Schweinenetz einpacken und mit einer Schnur wie einen Rollbraten umwickeln.

Die Brüste mit Salz und Pfeffer würzen und im Schnellkochtopf in heißem Traubenkernöl von beiden Seiten anbraten, den Deckel schließen und bei kleiner Flamme in 10 Minuten fertig braten.

Die Brüste aus dem Topf nehmen und warm stellen. In dem Fett die Pilzabschnitte, die Trockenpilze sowie die Schalotte anschwitzen, mit Jus, Wein, Portwein, Essig und Sahne ablöschen und um ein Drittel einkochen lassen. Dann durch ein Sieb passieren und mit dem Stabmixer aufschlagen.

Die Poulardenbrüste in zwei Teile aufschneiden und mit kleinen frischen gebratenen Steinpilzen und der Sauce servieren.

Hühnerbrüstchen auf Grünkernrisotto in Balsamicosauce

(Foto Seite 53)

Für 4 Personen
1 große Karotte · 1 Schalotte · 20 g Butter · 200 g Grünkern
⅛ l Rinderbrühe · Salz und Pfeffer aus der Mühle
2 ausgelöste Hühnerbrüste · ¼ l Geflügelfond oder Hühnerbrühe
4 cl Rotwein · 2 cl Aceto Balsamico · 2 cl Portwein
50 g kalte Butter

Die Karotte und die Schalotte putzen, in kleine Würfel schneiden und im Schnellkochtopf in der Butter andünsten, den Grünkern dazugeben. Mit der Brühe ablöschen und mit Salz und Pfeffer würzen. Den Schnellkochtopf schließen und den Grünkern 10 Minuten garen.

Die Hühnerbrüstchen in einer Pfanne von beiden Seiten anbraten und in 4 Minuten fertig garen.

Den Geflügelfond, den Rotwein, den Portwein und den Balsam-Essig bei großer Hitze im offenen Schnellkochtopf um ein Drittel einkochen, dann die kalte Butter in Flöckchen unterschlagen. Die Hühnerbrüstchen auf dem Grünkernrisotto anrichten und mit der Sauce überziehen.

Fisch

Lotte mit Fenchelflan in Pastis

Für 4 Personen
1 Lotte à 1,5 kg · Olivenöl · Meersalz
Pfeffer aus der Mühle
FÜR DEN FLAN:
400 g Fenchel · 50 g geklärte Butter · 150 g Sahne
2 cl Pastis · 3 Eier · Salz und Pfeffer aus der Mühle
FÜR DIE PASTISSAUCE:
200 g Fenchel, in Würfel geschnitten
100 g Sahne · Saft von 1 Zitrone · 2 cl Pastis
1 EL gehacktes Fenchelgrün · 2 EL geschlagene Sahne

Für den Flan den Fenchel kleinschneiden und in der geklärten Butter im Schnellkochtopf anschwitzen (er sollte keine Farbe annehmen). Mit der Sahne und dem Pastis ablöschen, den Deckel schließen und 5 Minuten kochen. Mit dem Küchenmixer pürieren und durch ein Sieb passieren, erkalten lassen. Die Eier untermischen und mit Salz und Pfeffer abschmecken. Die Flanmasse dreiviertelhoch in kleine Timbaleförmchen füllen und im Schnellkochtopf im Wasserbad 10 Minuten auf kleiner Flamme pochieren.

Die Lotte von den Gräten trennen und die Haut entfernen. Mit Meersalz und Pfeffer würzen und in Olivenöl von allen Seiten anbraten. Den Deckel schließen und 8 Minuten weiterbraten, dann kurz ruhen lassen und in Scheiben aufschneiden.

In der Zwischenzeit für die Sauce den Fenchel in geklärter Butter im Schnellkochtopf anschwitzen, mit Sahne, Pastis und Zitronensaft ablöschen. Den Deckel schließen und 5 Minuten kochen. Mit dem Stabmixer pürieren, durch ein Sieb streichen, die geschlagene Sahne und das Fenchelgrün unterheben.

Jeweils einen Flan in die Mitte eines Tellers geben, die Lottescheiben herumlegen und mit der Sauce nappieren.

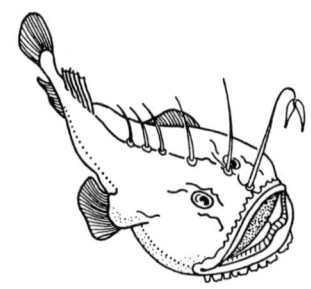

Pochierter Lachs
mit Grünkernplätzchen
und Kräuterquark

Für 4 Personen

4 Scheiben Wildlachs à 100 g · ¼ l Wasser

¼ l trockener Weißwein · 1 Lorbeerblatt

Dillstiele · 1 TL grobes Meersalz

FÜR DIE PLÄTZCHEN:

100 g Grünkern · 1 Schalotte, in kleine Würfel geschnitten

1 Karotte, in kleine Würfel geschnitten · 2 Eier

Salz und Pfeffer aus der Mühle

1 Bund Schnittlauch in Röllchen geschnitten

FÜR DEN KRÄUTERQUARK:

200 g Magerquark · 100 g Magerjoghurt · 1 TL Senf

Saft von ½ Zitrone · 2 cl Noilly Prat (oder trockener Wermut)

1 Bund Dill, gehackt · Salz und Pfeffer aus der Mühle

Den Grünkern in ungesalzenem Wasser im Schnellkochtopf 10 Minuten kochen. Mit der Schalotte, den Karotten, den Eiern und den Gewürzen vermischen und in Olivenöl 4 Plätzchen in einer Teflonpfanne ausbacken.

Für den Fischsud Wasser und Wein mit den Gewürzen aufkochen, den Fisch hineingeben und den Deckel schließen. 3 Minuten pochieren, dann warm stellen.

Für den Quark alle Zutaten miteinander mischen, den Quark abschmecken.

Den Kräuterquark auf die Plätzchen verteilen, den warmen Fisch daraufgeben und mit Dill garnieren.

Bouillabaissefische auf Kopfsalat mit Safranmayonnaise

Für 4 Personen
4 kleine Rotbarben à 300 g · 2 Rochenflügel
4 Langostinos · 1 Lotte à 1 kg · ⅛ l Weißwein
1 Kopfsalat · 1 kleiner Fenchel
je 100 g Lauch, Karotten und Sellerie
FÜR DAS DRESSING:
⅔ Olivenöl · ⅓ Knoblauchessig
1 Schalotte, in kleine Würfel geschnitten
2 zerdrückte Knoblauchzehen
4 cl Noilly Prat (oder weißer trockener Wermut)
Salz und Pfeffer aus der Mühle
FÜR DIE SAFRANMAYONNAISE:
2 Eigelb · ¼ l Olivenöl · 1 TL Senf
Saft von 1 Zitrone · etwas Safran (nach Geldbeutel)
Salz und Pfeffer aus der Mühle

Die Rotbarben filieren und entgräten. Die Lotte von dem Knochen und der Haut befreien und in dünne Scheiben von 1 cm schneiden. Den Rochenflügel von den Gräten lösen, die Langostinos aus den Schalen lösen und den Darm entfernen.

Alle Fische in den Schnellkochtopf geben und mit etwas Wasser und dem Weißwein bedecken, den Deckel schließen und die Fische 5 Minuten pochieren. Warm stellen.

Den Salat putzen und waschen, gut trockentupfen. Das Gemüse in feine Julienne (Streifen) schneiden. Das Dressing aus den angegebenen Zutaten herstellen. Den Salat und das Gemüse darin marinieren (das Gemüse bleibt roh).

Für die Mayonnaise alle Zutaten in ein hohes dünnes Gefäß geben und mit dem Stabmixer ca. ½ Minute schaumig schlagen.
Den Teller mit den Salatblättern auslegen, das Gemüse darauf verteilen, die Fische daraufgeben und mit der Mayonnaise nappieren.

Gedämpfte Nordseefische im Reisblatt mit grünem Meerrettich

(Foto Seite 71)

Für 4 Personen
4 Reisblätter
400 g Fischfilet von verschiedenen Nordseefischen
50 g frische Champignons
2 EL Gemüsewürfel (Möhren, Porree)
2 EL Tomatenwürfel · 4 EL verschiedene Kräuter
40 g Algengemüse · 50 g Shiitake
Salz und Pfeffer aus der Mühle · etwas Schnittlauch
100 ml Weißwein · 1 EL Öl
1 TL grüner Meerrettich (Wasabi, in japanischen Feinkostgeschäften erhältlich)
4 EL Traubenkernöl · etwas schwarzer Sesam
Essig · je 6 rote und gelbe Cocktailtomaten
1 Bund Thymian · 1 Bund Basilikum

Die Reisblätter 1 Minute in Wasser einweichen. Die verschiedenen Nordseefische in Würfel schneiden, ebenso die Champignons. Die Gemüse- und die Tomatenwürfel, die Kräuter, das Algengemüse, die Shiitake und die Fische in einer Schüssel vermengen und gut würzen. In vier Portionen aufteilen und die Reisblätter damit füllen, mit Schnittlauch beidseitig zubinden.

Den Weißwein und etwas Wasser in den Schnellkochtopf geben, die gefüllten Reisblätter in den Siebeinsatz legen. Den Schnellkochtopf schließen, auf der Schonstufe ca. 4 Minuten dämpfen.

1 TL grünen Meerrettich in etwas Kochsud auflösen. Die Reisblätter auf Tellern anrichten und damit überziehen. Mit halben Cocktailtomaten, schwarzem Sesam, Thymian- und Basilikumblättern garnieren.

Langostinos auf Gemüsevinaigrette

Für 4 Personen
8 Langostinos · 2 mittelgroße Karotten
¼ Knollensellerie · 1 Lauchstange · 1 Fenchel · 100 g Graupen
FÜR DIE VINAIGRETTE:
⅛ l Geflügelfond · Olivenöl · 2 cl Zitronensaft
2 cl Noilly Prat · 1 Schalotte, in kleine Würfel geschnitten
1 Bund Schnittlauch, in Röllchen geschnitten · 50 g Butter

Das Gemüse in kleine Würfel schneiden und in gesalzenem Wasser im Schnellkochtopf 2 Minuten kochen. Sofort kalt abschrecken.

Die Graupen im Schnellkochtopf im ungesalzenen Wasser 5 Minuten kochen.

Die Schalotte in Olivenöl anschwitzen, ohne daß sie Farbe annimmt. Geflügelfond, Zitronensaft und Noilly Prat dazugeben und um ein Drittel einkochen lassen. Nun die Gemüsewürfel und die Graupen sowie den Schnittlauch dazugeben, aufkochen lassen und die kalten Butterstückchen einrühren.

Die Langostinos schälen, mit Salz und Pfeffer würzen und in heißem Olivenöl von beiden Seiten 1 Minute braten.

Einen Teil der Gemüsevinaigrette auf die Teller geben, die Langostinos daraufgeben und mit der restlichen Sauce nappieren.

Sülze von Lachs und Gemüse

Für 4–6 Personen

300 g frischer Wildlachs

200 g Kohlrabi · 200 g Karotten · 200 g Lauch

¾ l klarer Fond (Fisch- oder Geflügelfond oder Brühe)

12 Blatt Gelatine

Die Gemüse putzen und in größere Streifen schneiden. In gesalzenem Wasser im Schnellkochtopf 5 Minuten kochen, kalt abschrecken.

Den Fond im Schnellkochtopf erhitzen und den in ½ cm dicke Scheiben geschnittenen Lachs hineinlegen, den Deckel schließen und außerhalb der Herdplatte 4 bis 5 Minuten ziehen lassen.

Die Gelatine einweichen. Den Lachs aus dem Sud nehmen und abkühlen lassen. Die Gelatine in dem Sud auflösen.

Eine größere Terrinenform mit etwas Sud ausgießen, diesen fest werden lassen, dann abwechselnd Lachs und Gemüse einschichten, jede einzelne Schicht immer wieder mit Sud begießen. Die Sülze 3 bis 4 Stunden ruhen lassen.

Als Garnitur empfehle ich eine Kräuter-Crème fraîche oder eine Kaviarsahne und eine Salatgarnitur.

Kleine gefüllte Tintenfische

Für 4 Personen

12 kleine Tintenfische

1 Gemüsezwiebel · ¼ Knollensellerie

2 Karotten · 1 Stange Lauch · Traubenkernöl

1 TL gehackter Dill · 1 TL gehackter Estragon

Weckmehl nach Bedarf (geriebenes altbackenes Vollkornbrötchen)

2 Eier · 100 g Sahne · 2 cl Noilly Prat

Salz und Pfeffer aus der Mühle

Weißwein · 2 Lorbeerblätter

Tintenfische putzen, die Köpfe abschneiden und, falls vorhanden, die Tinte entfernen. Gründlich waschen.

Das Gemüse und die Zwiebel in kleine Würfel schneiden. In Traubenkernöl anschwitzen (sie sollen keine Farbe annehmen), mit Salz und Pfeffer würzen, mit Noilly Prat und Sahne ablöschen und etwas einkochen lassen. Nochmals abschmecken und vom Herd nehmen und abkühlen lassen.

Die Eier verquirlen und unter die abgekühlte Masse mischen. Die restliche Flüssigkeit mit Weckmehl binden. Diese Farce in die Tintenfische füllen und jeden einzeln in Alufolie einpacken.

⅔ Wasser, ⅓ Weißwein, etwas Salz und 2 Lorbeerblätter im Schnellkochtopf aufkochen, die Fische hineingeben, den Deckel schließen und bei kleiner Flamme 10 Minuten ziehen lassen.

Die Tintenfische können warm oder kalt serviert werden.

Zu warmen Tintenfischen empfehle ich eine Tomaten- oder Knoblauchsauce, zu kalten Tintenfischen eine Crème-fraîche-Sauce mit Sprossen oder eine Kräutermayonnaise.

Galantine von Lachs und Seezunge

Für 4 Personen
1 Seezunge von 1 kg · 4 große Mangoldblätter
300 g frischer Wildlachs · 200 g Sahne · 1 Eiweiß
2 cl Noilly Prat · Salz und Pfeffer aus der Mühle
100 g geschlagene Sahne · Weißwein · 2 Lorbeerblätter

Die Seezunge filieren. Die Mangoldblätter im Schnellkochtopf ½ Minute kochen, sofort kalt abschrecken und auf einem Handtuch trockentupfen.

Den Lachs in kleine Würfel schneiden und mit der Sahne, dem Eiweiß und Noilly Prat mischen und würzen. In den Tiefkühler stellen und leicht anfrieren lassen (es ist wichtig, daß der Fisch kalt ist, sonst gerinnt das Fischeiweiß und der Fisch hat beim Kochen keine Bindung). Den Lachs durch die feine Scheibe des Fleischwolfes drehen und nochmals kühl stellen. Die Farce mit einem Stabmixer pürieren und anschließend durch ein feines Sieb streichen. Wieder abkühlen lassen, zum Schluß die geschlagene Sahne unterheben.

Die Seezungenfilets von der Hautseite her mit den Mangoldblättern belegen und dick die Lachsfarce daraufstreichen. Jedes Filet in Alufolie einpacken.

Im Schnellkochtopf ⅔ Wasser und ⅓ Wein, etwas Salz und 2 Lorbeerblätter aufkochen, die Galantine hineingeben, den Deckel schließen, und bei kleiner Hitze 12 Minuten kochen.

Sie können aber auch eine Rolle herstellen. Dafür legen Sie alle Blätter nebeneinander auf die Filets und formen eine große, dicke Rolle. Diese muß dann 18 Minuten kochen.

Die Galantine kann warm oder kalt serviert werden.

Warm empfehle ich ein Gemüse dazu, z.B. Spinat, Spargel oder Meeresalgen, und eine Champagnersauce.

Kalt empfehle ich einen schönen Salat mit einer Kaviar-Crème-fraîche-Sauce.

Zanderfilets
mit Tomaten-Basilikum-Vinaigrette
(Foto Seite 89)

Für 4 Personen

---

4 Zanderfilets à 140 g

Salz und Pfeffer aus der Mühle · 1 TL Öl

---

1 Bund Lauchzwiebeln · 200 ml trockener Weißwein

FÜR DIE VINAIGRETTE:

---

8 kleine Tomaten · 8 EL Olivenöl

Saft von 2 Zitronen · Salz und Pfeffer aus der Mühle

---

1 Bund Basilikum

Die Zanderfilets mit Salz und Pfeffer würzen. Den gelochten Einsatz mit dem Öl bestreichen und die Fischscheiben hineinlegen.

Die Lauchzwiebeln waschen, die grünen Stengel abschneiden, in einen zweiten gelochten Einsatz geben und salzen. $\frac{1}{4}$ l Wasser in den Schnellkochtopf geben und das Gemüse 5 Minuten auf der Schonstufe garen. Das Gemüse herausnehmen, warm stellen und das Wasser abgießen.

Den Weißwein in den Schnellkochtopf geben, das Drahtgestell hineinstellen und den Einsatz mit dem Fisch daraufstellen. Den Topf verschließen und den Fisch 2 Minuten garen. Den Fisch herausnehmen und zugedeckt warm stellen.

Für die Vinaigrette die Tomaten schälen und das Fruchtfleisch in feine Würfelchen schneiden. Die Tomaten mit dem Olivenöl

und dem Zitronensaft vermischen, würzen. Die Basilikumblätter
fein schneiden und dazugeben. Die Fischfilets mit der Vinaigrette
auf Tellern anrichten und mit den Lauchzwiebeln garnieren.

Waller im Weißkrautwickel auf Sauerkraut

Für 4 Personen

8 große Weißkrautblätter · 1 Waller von 1,5–2 kg

150 g Sahne · 2 Eiweiß · 2 cl Noilly Prat

1 Bund Schnittlauch, in Röllchen geschnitten

100 g geschlagene Sahne · Salz und Pfeffer aus der Mühle

Weißwein · 2 Lorbeerblätter · 500 g fertiges Sauerkraut

¼ l trockener Sekt oder Champagner · 5 Wacholderbeeren

1 Gemüsezwiebel · Traubenkernöl

Salz und Pfeffer aus der Mühle

Die Weißkrautblätter im Schnellkochtopf 2 Minuten kochen, kalt
abschrecken und gut trockentupfen.
Den Waller filieren, 4 Tranchen à 100 g herausschneiden. Den Rest
in kleine Würfel schneiden, mit Sahne, Noilly Prat und Eiweiß
vermischen und im Tiefkühler leicht anfrieren lassen. Dann durch
die feine Scheibe des Fleischwolfes drehen, wieder kühlen und
anschließend in der Moulinette oder mit dem Stabmixer pürieren
und durch ein Sieb streichen. Würzen und die geschlagene Sahne
sowie den Schnittlauch unterziehen.
Die Weißkrautblätter vom harten Strunk befreien und je 2 Blätter
aufeinanderlegen. Diese mit Farce bestreichen, die Wallerschei-
ben darauflegen, wieder mit Farce bedecken, die Blätter aufrollen
und in Alufolie einpacken.

Im Schnellkochtopf ⅔ Wasser, ⅓ Wein, etwas Salz und 2 Lorbeerblätter aufkochen, die Fischwickel hineingeben, den Deckel schließen und auf kleiner Flamme 12 Minuten kochen.

Für das Kraut die Gemüsezwiebel klein schneiden, und im Schnellkochtopf in Traubenkernöl anschwitzen. Das Kraut dazugeben, würzen und mit dem Champagner ablöschen, den Deckel schließen und 10 Minuten köcheln lassen.

Die Wallerpakete aufschneiden und auf dem Kraut anrichten.

Brassenfilets auf wildem Reis

(Foto Seite 107)

Für 4 Personen
150 g wilder Reis · ¼ l Wasser · 100 g Austernpilze
1 Schalotte · 3 EL Olivenöl · ¼ l Fischfond · 1 cl Sherryessig
1 cl trockener Wermut (z. B. Noilly Prat) · Saft von 1 Zitrone
4 feste Tomaten · 1 Bund Basilikum · 60 g Butter
4 Brassenfilets à 200 g · 10 g Butter
Salz und Pfeffer aus der Mühle

Den wilden Reis in warmem Wasser gut waschen. In gesalzenem Wasser im Schnellkochtopf 15 Minuten garen.

Die Austernpilze und die Schalotte in kleine Würfel schneiden, in einer Pfanne in 2 EL Olivenöl anbraten, den Reis dazugeben und mit frischgemahlenem weißen Pfeffer würzen.

Für die Sauce den Fischfond, den Sherryessig, den trockenen Wermut, den Zitronensaft und 1 EL Olivenöl mischen und in einem Topf um ein Drittel einkochen.

Von den Tomaten die Haut abziehen, dann das Fruchtfleisch in Würfel schneiden. Die Basilikumblättchen von den Stengeln zupfen und in dünne Streifen schneiden, mit den Tomatenwürfelchen in die Sauce geben. Den Topf beiseite stellen und kalte Butterflocken mit dem Schneebesen in die Sauce schlagen.

Die Brassen salzen. 1 Tasse gesalzenes Wasser in den Schnellkochtopf geben. Den Fisch in den gebutterten Siebeinsatz legen und auf den Dreifuß in den Schnellkochtopf stellen. Den Topf schließen und den Fisch auf Schonstufe 3 Minuten garen.

Den Reis in der Mitte des Tellers anrichten, den Fisch daraufgeben und den Reis mit der Sauce umgießen.

Gefüllte Kohlrabiknolle mit Hummerragout

Für 4 Personen
6 kleine Kohlrabi mit Grün · 2 Hummer à 500 g
geklärte Butter · Salz und Pfeffer aus der Mühle
FÜR DIE SAUCE:
¼ l Hummerfond · ¼ l Crème fraîche · 4 cl Noilly Prat
1 cl Zitronensaft · 30 g frischer Ingwer
2 EL geschlagene Sahne

Von 4 Kohlrabi Deckel abschneiden, einige kleine Blätter daranlassen. Die Knollen schälen und mit einem großen Kugelausstecher oder einem Löffel aushöhlen. 2 Kohlrabi schälen und in feine Stifte schneiden.

Die Kohlrabiknollen im Schnellkochtopf in gesalzenem Wasser 4 Minuten, die Deckel und die Stifte 2 Minuten kochen und warm stellen.

Die Hummer im Schnellkochtopf in sprudelnd heißem Wasser 5 Minuten kochen, Schwanz und Scheren ausbrechen und warm stellen.

Die restlichen Kohlrabiblätter fein hacken.

Für die Sauce alle Zutaten bis auf die geschlagene Sahne im Schnellkochtopf 5 Minuten kochen, den Ingwer herausnehmen und die geschlagene Sahne und die Kohlrabiblätter einrühren.

Die Kohlrabistifte kurz in geklärter Butter anschwitzen, mit Salz und Pfeffer würzen.

Die Kohlrabistifte und das kleingeschnittene Hummerfleisch in die Knollen füllen, die Sauce darübergeben und die Deckel daraufsetzen.

Forelle im Lauchbett

Für 4 Personen
4 kleine Forellen à 300 g · 4 kleine Stangen Lauch
¼ l trockener Weißwein · Salz und Pfeffer aus der Mühle
4 cl Noilly Prat · ¼ l Fischfond · ¼ l geschlagene Sahne
1 Bund Schnittlauch, in Röllchen geschnitten

Die Forellen ausnehmen, Kopf und Schwanz abschneiden. Waschen und mit Salz und Pfeffer einreiben.

Weißwein, Fischfond und Noilly Prat im Schnellkochtopf zum Kochen bringen. Den Lauch putzen, gründlich waschen und in fingerdicke Stücke schneiden und in den Fischfond geben. Die Forellen darauflegen, den Deckel schließen und bei kleiner Flamme 10 Minuten ziehen lassen.

Die Forellen aus dem Sud nehmen und warm stellen, den Lauch durch ein Sieb abgießen und ebenfalls warm stellen.

Den Sud nochmals 5 Minuten kochen lassen und die geschlagene Sahne und den Schnittlauch einrühren.

Den Lauch auf die Teller verteilen, mit der Sauce nappieren und die Forellen daraufgeben.

Zanderfilets mit Tomaten-Basilikum-Vinaigrette (Rezept Seite 84)

Desserts

Bananenpudding

Für 4 Personen
200 g Bananen · ¼ l Sahne · Mark von 1 Vanilleschote
2 cl Rum · 2 EL Ahornsirup · 3 Eigelb

Die Bananen durch ein Sieb streichen.

Die Sahne mit dem Rum und dem Vanillemark aufkochen. Die Eigelb mit dem Sirup verrühren und in die kochende Vanillemilch mit dem Schneebesen einschlagen und so lange rühren, bis die Masse dick wird. Vom Herd nehmen und das Bananenmark unterrühren.

Kleine Timbaleförmchen oder feuerfeste Tassen ausbuttern, mit Fruchtzucker ausstreuen und mit der Bananenmasse dreiviertelvoll füllen. Die Timbale im Schnellkochtopf im Wasserbad 15 Minuten pochieren.

Den Pudding mit marinierten Erdbeeren, Erdbeersauce und Vanillesauce servieren.

Gewürzpudding

Für 6 Personen

200 g geriebener Lebkuchen

100 g geriebene Spekulatius · 60 g gemahlene Mandeln

50 g geriebene Bitterschokolade · 4 cl Rum

1 TL Gewürzmischung (Zimt, Lebkuchengewürz, Kardamom)

150 g Butter · 50 g Fruchtzucker · 6 Eigelb · 6 Eiweiß

Schokolade, Lebkuchen, Spekulatius und Mandeln vermischen und mit dem Rum beträufeln.

Butter, Zucker und Eigelb schaumig rühren. Alles miteinander vermischen.

Die Eiweiß sehr steif schlagen. Den Eischnee vorsichtig unter die Masse heben. Ausgebutterte und gezuckerte Auflaufförmchen mit der Masse dreiviertelvoll füllen und im Schnellkochtopf im Wasserbad 15 Minuten pochieren.

Als Beilage empfehle ich mit Schokoladenmousse gefüllte Datteln, Schokoladensauce und Vanillesauce, mit Rum aromatisiert.

Soufflé von Ziegenfrischkäse

Für 4 Personen
30 g Magerquark · 50 g Ziegenfrischkäse
2 Eigelb · 40 g Fruchtzucker · 1 TL Zitronensaft
Schale von 1 Zitrone, blanchiert und fein gehackt
3 Eiweiß · 10 g Fruchtzucker

Quark und Käse durch ein Sieb streichen, Eigelb, Zucker, Zitronenschale und -saft dazugeben und verrühren.

Das Eiweiß mit dem Zucker steif schlagen und vorsichtig unterheben.

Ausgebutterte und gezuckerte Souffléförmchen mit der Masse dreiviertelvoll füllen und im Wasserbad im Schnellkochtopf 15 Minuten pochieren.

Anschließend mit Puderzucker bestreuen und mit Heidelbeerkompott servieren.

Beerensuppe mit Joghurtnocken

Für 4 Personen

FÜR DIE NOCKEN:

200 g Joghurt · Saft von 1 Zitrone · 1 EL Ahornsirup

50 g feingemahlene Pistazien · 3 Blatt Gelatine

100 g geschlagene Sahne

FÜR DIE SUPPE:

¼ l Sekt oder Champagner · 50 g Fruchtzucker

*500 g gemischte Beeren (Himbeeren, Heidelbeeren,
Johannisbeeren, Brombeeren, Erdbeeren)*

300 g derselben Beerenmischung als Suppeneinlage

Die Früchte für die Suppe mit dem Sekt und dem Fruchtzucker im Schnellkochtopf 10 Minuten kochen. Anschließend durch ein Sieb streichen. Die Beereneinlage in die Suppe geben.

Joghurt, Zitronensaft, Sirup und Pistazien mischen, die Gelatine in etwas Sahne auflösen und untermischen. Zieht die Masse an, die geschlagene Sahne unterheben, mit einem Eßlöffel Nocken ausstechen und in der Suppe servieren.

Die Suppe kann kalt oder lauwarm serviert werden, nicht heiß, da die Nocken sonst schmelzen.

Süße Kartoffelknödel
mit Mohn-Mango-Füllung

Für 4–6 Personen
Für die Knödel:
400 g Kartoffeln · 100 g Weizenvollkornmehl
1 Ei · 2 Eigelb · 50 g Fruchtzucker
Für die Füllung:
30 g Mohn · 2 cl Rum
1 Mango, in kleine Würfel geschnitten · 100 g Bisquitbrösel
je 50 g gemahlener Mohn und Fruchtzucker zum Wenden

Am Vortag die Kartoffeln mit Schale im Schnellkochtopf je nach Dicke 10 bis 15 Minuten kochen.

Am nächsten Tag die Kartoffeln schälen und durch ein Sieb drükken. Mit den restlichen Zutaten mischen und 20 Minuten ruhen lassen.

Für die Füllung den Mohn 1 Stunde in Rum einweichen, dann mit den Mangowürfeln und den Bröseln mischen.

Aus dem Kartoffelteig Knödel formen und mit der Mohn-Mango-Masse füllen. In kochendem Wasser mit etwas Salz pochieren, bis die Klöße oben schwimmen. Anschließend in der Mohn-Zucker-Mischung wälzen und auf Mango und Vanillesauce servieren.

Gratin von Pfirsich und Hirse

Für 4 Personen

150 g Hirsekörner · 250 ml Milch

100 g Marzipanrohmasse · Saft von 1 Zitrone

4 cl Amaretto · 50 g Margarine · 4 Eier · 6 Pfirsiche

Die Hirse in der Margarine im Schnellkochtopf anschwitzen, mit der Milch ablöschen, den Deckel schließen und 10 Minuten köcheln lassen.

Das Marzipan durch ein Sieb streichen und mit dem Amaretto, dem Zitronensaft und 4 Eigelb mischen. Die 4 Eiweiß mit etwas Fruchtzucker steif schlagen.

Die Marzipanmasse unter die Hirse mischen, die Masse abkühlen lassen und den Eischnee vorsichtig unterheben.

Von den Pfirsichen die Haut abziehen und die Pfirsiche halbieren.

Eine Auflaufform mit Margarine ausfetten und die Hirsemasse hineinfüllen, die Früchte daraufgeben und im Backofen bei 200 Grad 20 Minuten backen.

Beerenreis mit Vanilleeis

Für 4 Personen

200 g Naturreis · ½ l Milch · 1 ausgeschabte Vanilleschote

Schale und Saft von 1 Orange · 30 g Ahornsirup

100 g rote Johannisbeeren · 100 g schwarze Johannisbeeren

100 g weiße Johannisbeeren · 50 g geröstete Pinienkerne

50 g geröstete Pistazien

Die Milch mit Vanillemark, Sirup, Orangensaft und -schale im Schnellkochtopf aufkochen, den Reis dazugeben, den Deckel schließen und 15 Minuten kochen lassen. Vom Herd nehmen und nochmals 15 Minuten ziehen lassen.

Den Reis in einem Sieb abtropfen lassen, die Beeren und die Nüsse daruntermischen und mit Vanilleeis und Vanillesauce servieren.

Sauerkirsch-Ofenschlupfer

Für 4 Personen

250 g Bisquit · 50 g geröstete Haselnüsse

50 g Korinthen · ¼ l Sahne · 50 g Fruchtzucker

Mark von 1 Vanillestange · 1 TL Zimt · 6 Eier

250 g entsteinte Sauerkirschen

Den Bisquit in 1 cm große Stücke schneiden, die Haselnüsse grob hacken. Bisquit, Haselnüsse und Kirschen gut mischen.

Die Eier mit der Sahne gut verquirlen. Vanillemark, Zimt und Zucker dazugeben und über die Bisquitmasse geben. In ausgebutterte und gezuckerte Timbaleförmchen füllen und im Wasserbad im Schnellkochtopf 15 Minuten pochieren.

Nach dem Pochieren mit einer Puderzucker-Zimt-Mischung bestreuen.

Graupenkuchen mit Punschpflaumen

(Foto Seite 108)

Für 4 Personen
35 g Graupen · 0,2 l Vollmilch
je 1 Msp Zimt, Kardamom, Vanillemark und Muskat
abgeriebene Schale von 1 unbehandelten Zitrone
10 g Korinthen · 1 EL Rum · 15 g Zucker · 20 g Butter
60 g Bisquitbrösel · 1 Eigelb · 1 Eiweiß
½ EL Sauerrahm
FÜR DIE GARNITUR:
12 getrocknete Pflaumen · 2 cl Rum · 1 cl Mandellikör
1 unbehandelte Orange · 1 unbehandelte Zitrone
1 EL Fruchtzucker · 4 Pfefferminzsträußchen
Puderzucker und Zimt zum Bestäuben
ZUM AUSSTREICHEN DER FÖRMCHEN:
etwas Butter und Zucker

Die Graupen mit der Milch in den Schnellkochtopf geben und 25 Minuten kochen.

Den Topf öffnen, die Gewürze dazugeben. Die in Rum eingeweichten Korinthen, den Zucker, die Butter, die Brösel, das Eigelb und den Sauerrahm einrühren und die Masse abkühlen lassen. Das geschlagene Eiweiß unterheben. Die Masse in 4 gebutterte und mit Zucker ausgestreute Förmchen geben. 2 Tassen Wasser in den Schnellkochtopf gießen, die Förmchen auf den Siebeinsatz stellen, den Topf schließen und den Kuchen auf Schonstufe 5 bis 6 Minuten garen.

Die Orange und die Zitrone hauchdünn abschälen und in feine Streifchen schneiden. Die Früchte auspressen und den Saft mit den Streifen und dem Zucker kurz kochen, abtropfen lassen.

Die getrockneten Pflaumen in dem Rum, dem Mandellikör sowie dem Orangen- und Zitronensaft marinieren.

Den Kuchen aus den Förmchen auf Teller stürzen, mit den Pflaumen umlegen, mit Orangen- und Zitronenstreifen sowie Minzesträußchen garnieren. Mit Marinade übergießen und mit dem Puderzucker und dem Zimt bestäuben.

Kokossoufflé mit Brombeeren

Für 4 Personen

80 g Margarine · 40 g Fruchtzucker · 150 g Kokosnuß (frisch)

6 cl Kokoslikör · 3 Eigelb · 4 Eiweiß · 20 g Zucker

Die Kokosnuß in der Moulinette fein hacken und mit dem Likör 30 Minuten marinieren.

Margarine, Fruchtzucker und Eigelb schaumig schlagen und die Kokosnuß untermischen.

Das Eiweiß mit dem Zucker steif schlagen und unterheben.

Gebutterte und gezuckerte Timbaleförmchen dreiviertelvoll füllen und im Schnellkochtopf 15 Minuten pochieren.

Das Soufflé mit marinierten Brombeeren, Brombeersauce und Vanillesauce servieren.

Apfel im Hirseteigmantel

Für 4 Personen

200 g frischgemahlene Hirse · 1 TL Backpulver

200 g Butter · 4 Eier · Saft und Schale von 1 Zitrone

4 säuerliche Äpfel · 2 cl Calvados · 100 g gemahlene Mandeln

Die Äpfel schälen und mit einem Ausstecher kleine Kugeln ausstechen. Mit dem Calvados und dem Zitronensaft marinieren.
Aus Hirse, Backpulver, Butter, Eier und Zitronenschale einen Teig
herstellen und die Äpfel samt der Flüssigkeit untermischen. 4 große Timbaleförmchen ausbuttern, mit den gemahlenen Mandeln
ausstreuen und mit dem Teig füllen.
Die Timbaleförmchen im Schnellkochtopf im Wasserbad 20 Minuten pochieren.

Dazu empfehle ich einen Spiegel aus dreierlei Saucen: Apfel-
mousse, Vanillesauce und Cassissauce.

Saucen

Warme Vinaigrette-Sauce

Für 2 Personen
GRUNDREZEPT:
¼ l Brühe (Rind, Geflügel oder Gemüse)
6 cl Olivenöl · 2 cl Limonenessig · Saft von 1 Zitrone
2 cl Noilly Prat · 50 g kalte Butterwürfel

Alle Zutaten außer der Butter im Schnellkochtopf 5 Minuten einkochen lassen. Mit der Butter binden und die Einlage dazugeben.
(Mit der Butter binden bedeutet: den Topf vom Herd nehmen
und die kalte Butter einrühren, nicht mehr kochen lassen.)

Einlagen:
Nr. 1: Rohe Fenchelwürfel und gehacktes Fenchelkraut
Nr. 2: Kleine, in Würfel geschnittene Paprika (rot, grün, gelb)
Nr. 3: Blanchierte kleine Würfel von Lauch, Sellerie und Karotten
Nr. 4: Senfkörner, Senfsprossen und Schnittlauch
Nr. 5: Kapern, Tomatenwürfel und Schnittlauch
Nr. 6: Tomatenwürfel und gehacktes Basilikum
Nr. 7: Alfalfasprossen, Schnittlauch und Tomatenwürfel
Nr. 8: Gekochte Linsen, Linsensprossen und Schnittlauch
Nr. 9: Gehackte Eier und gehackter Kerbel

Nr. 10: Rosa Pfefferkörner, Orangenfilet und gehacktes Basilikum
Nr. 11: Kleine Gurkenwürfel und gehackter Dill

Alle diese Vinaigrettesaucen eignen sich besonders gut zu Fischgerichten, vor allem dann, wenn Sie keinen Fischfond haben.

Warme Fruchtsaucen

Für 4 Personen
GRUNDREZEPT:
500 g frische Früchte · ¼ l süßer Weißwein
5 cl Ahornsirup

Alle Zutaten im Schnellkochtopf bei kleiner Hitze 10 Minuten kochen, anschließend im Küchenmixer pürieren und durch ein Sieb streichen.

Vorschläge:

500 g entsteinte Pfirsiche mit Amarettolikör
500 g entsteinte Pflaumen mit Pflaumengeist
500 g entsteinte Kirschen mit Kirschlikör
500 g entkernte und geschälte Äpfel mit Calvados
500 g entkernte und geschälte Birnen mit Birnengeist
500 g entsteinte Mirabellen mit Mirabellenlikör
500 g Rhabarber, ungeschält, mit Himbeergeist
500 g Erdbeeren mit Kirschwasser
500 g Himbeeren mit Himbeergeist
500 g schwarze Johannisbeeren mit Cassislikör

Nicht geeignet sind exotische Früchte wie Kiwi, Banane, Mango, Ananas und Papaya sowie Johannisbeeren und Walderdbeeren.

Diese Früchte sollten Sie nicht kochen, sondern roh pürieren und passieren, da sie ihr Aroma roh viel besser entwickeln.

Die oben genannten warmen Fruchtsaucen können auch alle kalt serviert werden. Durch das Kochen haben die Früchte meistens ein viel intensiveres Aroma.

Fischgrundfond

Für ca. 1 Liter

2 kg Fischabfälle (am besten nur Seezunge und Steinbutt; fette Fische wie Lachs, Hecht oder Zander eignen sich nicht)
2 Karotten · 2 Stangen Lauch · 1 kleine Sellerieknolle
2 Stangen Staudensellerie · 2 kleine Fenchel
1 Bund Lauchzwiebeln · 1 Bund Dill · 1 Zweig Thymian
1 TL grobes Meersalz · 1 TL weiße Pfefferkörner
4 Lorbeerblätter · 1 l Wasser · 1 l Weißwein
⅛ l Noilly Prat (oder trockener Wermut)

Die Fischabfälle gründlich waschen, in den Schnellkochtopf geben, mit dem Wasser (unbedingt kalt) bedecken und ohne Deckel aufkochen lassen. Den nach oben kommenden Schaum mit einer Kelle abschöpfen.

Das ungeschälte Gemüse in grobe Stücke schneiden und waschen. Gemüse, Gewürze und Kräuter, den Wein und den Wermut zu den Fischen geben und aufkochen lassen, den Deckel schließen und auf kleiner Flamme 30 Minuten köcheln lassen.

Den Fond zuerst durch ein Sieb passieren, anschließend durch ein Tuch (am besten eine Windel oder ein Passiertuch) abgießen.

Der Fond hält sich 2 Wochen im Kühlschrank. Man kann ihn auch portionsweise einfrieren.

Geflügelgrundfond

Für ca. 2 Liter
3 kg Geflügelknochen und Parüren (von Ente, Taube oder Poularde; Suppenhuhn ist nicht geeignet)
4 Karotten · 1 kleine Sellerieknolle · 1 Bund Staudensellerie
4 Stangen Lauch · 1 Bund Lauchzwiebeln
200 g Pilzabfälle, falls vorhanden, sonst 50 g getrocknete Steinpilze
1 Bund Petersilie · 2 EL Tomatenmark
1½ l trockener Rotwein · 1½ l Wasser
1 TL schwarze Pfefferkörner · 1 TL grobes Meersalz
4 Lorbeerblätter · Traubenkernöl

Die Geflügelknochen so klein wie möglich hacken, das ungeschälte Gemüse grob in Würfel schneiden.

Das Traubenkernöl im Schnellkochtopf heiß werden lassen und die Knochen darin scharf anbraten. Sollten die Knochen zuviel Fett abgeben, dieses mit einer Kelle abschöpfen. Haben die Knochen Farbe angenommen das Gemüse dazugeben und kurz mitrösten, dann das Tomatenmark dazugeben und ebenfalls mit anrösten. Nun mit dem Rotwein ablöschen, die Kräuter und Gewürze dazugeben und den Rotwein um zwei Drittel einkochen lassen. Nun das Wasser dazugeben, aufkochen lassen, den Deckel schließen und 1 Stunde köcheln lassen.

Den Fond abgießen, anschließend durch ein Tuch passieren und im Kühlschrank auskühlen lassen. Dann die nach oben gestiegene Fettschicht abnehmen. Den Fond portionsweise einfrieren.

Auf die gleiche Weise können Sie auch Fond von Kaninchenknochen, Kalbsknochen oder Lamm herstellen. Bei Lammjus lassen

Sie die Pilze weg und nehmen statt dessen Kräuter wie Rosmarin, Thymian, Salbei und Knoblauchzehen.

Orangen-Pfeffer-Sauce

Für 4 Personen

¼ l frisch gepreßter Orangensaft

⅛ l Brühe (Fleisch oder Geflügel) · 4 cl Noilly Prat

Saft von 1 Zitrone · ⅛ l Sahne

20 g nasse rosa Pfefferkörner · Schale von 2 Orangen

50 g kalte Butter · 2 EL geschlagene Sahne

Den Zitronen- und Orangensaft durch ein Sieb streichen. Die Orangen mit einem Zesteur abschälen. Die Schalen kleinhacken, anschließend in kochendem Wasser ½ Minute blanchieren. Orangensaft, Zitronensaft, Brühe, Noilly Prat, Sahne und Pfefferkörner im Schnellkochtopf 10 Minuten kochen, die Orangenschalen hineingeben. Mit den Butterwürfeln und der geschlagenen Sahne binden.

Diese Sauce eignet sich zu gebratenen Jakobsmuscheln oder auch zu gebratener Entenbrust. Hierfür würde ich allerdings die Pfefferkörner weglassen, dafür ganz zum Schluß Orangenfilets hinzufügen.

Petersiliensauce

Für 4 Personen

250 g Petersilie (ohne Stiele)

¼ l heller Geflügelfond · ¼ l Sahne

4 cl weißer Portwein · 2 cl Sherryessig · 50 g Butter

Die Petersilie in gesalzenem Wasser ½ Minute blanchieren, sofort kalt abschrecken und gut ausdrücken.

Die restlichen Zutaten zusammen im Schnellkochtopf 10 Minuten kochen, den Fond mit der Petersilie in den Küchenmixer geben und pürieren. Anschließend durch ein Sieb streichen, nochmals aufkochen und mit dem Stabmixer luftig aufschlagen.

Diese Sauce paßt zu allen Fleisch und Geflügelgerichten. Zu Fischgerichten kann man die Sauce auch mit Fischfond herstellen, nur nehmen Sie dann statt Portwein Noilly Prat.

Brassenfilets auf wildem Reis (Rezept Seite 86)

Graupenkuchen mit Punschpflaumen (Rezept Seite 98)

Stachelbeer-Chutney

Für 6 Personen

1 kg frische Stachelbeeren · 250 g Fruchtzucker

200 g Schalotten, in kleine Würfel geschnitten

100 g frischer geriebener Ingwer · Saft von 2 Zitronen

Mark von 2 Vanillestangen · 2 Zimtstangen · ¼ l Obstessig

⅛ l Zitronenessig · ⅛ l Weißwein

Den Zucker in den Schnellkochtopf geben und schmelzen lassen, ohne daß er braun wird. Die Stachelbeeren putzen und halbieren. Zum geschmolzenen Zucker geben und sofort umrühren. Nun alle anderen Zutaten dazugeben, den Deckel schließen und 20 Minuten köcheln lassen.
Die Zimtstangen herausnehmen und das Chutney durch ein Sieb streichen.

Das Chutney paßt zu kurz gebratenen Fleischgerichten oder Grillgerichten.

Käsesauce mit Bachkresse

Für 4 Personen

¼ l Fleischbrühe · ¼ l Sahne · 4 cl Sherry · 2 cl Sherryessig

200 g Gorgonzola · 1 Bund Bachkresse

Fleischbrühe, Sahne, Sherry und Essig im Schnellkochtopf 10 Minuten kochen. Die Brühe zusammen mit dem Käse im Küchenmixer pürieren und durch ein Sieb streichen. Nochmals aufkochen und mit dem Stabmixer luftig aufschlagen.
Die Stiele von der Kresse entfernen und die Kresse fein hacken. Zum Schluß unter die Sauce geben.

Diese Sauce eignet sich besonders gut zu Vollkornnudeln.

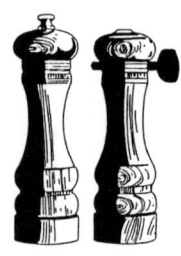

Walnußsauce

Für 4 Personen

100 g Schalotten, in kleine Würfel geschnitten

2 zerdrückte Knoblauchzehen · 150 g gemahlene Walnüsse

200 ml Brühe · 100 ml Sahne

Die Schalotten mit dem Knoblauch in Walnußöl im Schnellkochtopf anschwitzen, mit der Brühe und der Sahne ablöschen. Die Nüsse dazugeben, den Deckel schließen und 10 Minuten auf kleiner Flamme köcheln lassen.
Sollte die Sauce zu dünn sein, mit etwas Butter binden.

Diese Sauce eignet sich zu mit Nüssen gefüllten Maultaschen oder zu Wildgeflügelgerichten.

Gemüsesaucen

Für 4 Personen

1 kleine Gemüsezwiebel · 250 g frische Erbsen

300 ml Brühe (Geflügel, Rind oder Gemüse)

100 ml Sahne · Pflanzenfett

Die Zwiebel kleinschneiden und in Pflanzenfett anschwitzen. Die rohen Erbsen dazugeben, mit der Brühe und der Sahne ablöschen, den Deckel schließen und 8 Minuten kochen lassen. In einem Küchenmixer pürieren und durch ein Sieb streichen.

Man kann diese Sauce mit jedem Gemüse auf die gleiche Art herstellen.

Kleine Warenkunde
von A bis Z

Aceto Balsamico, Balsamessig aus Modena. Der unvergleichlich aromatische und milde Essig reift über Jahrzehnte in alten Holzfässern heran, wodurch er seine dunkle Farbe und sein würziges, intensives Aroma erhält.

Austernpilze (Austernseitling), ursprünglich Waldpilze, die an Baumstämmen wachsen; wird heute das ganze Jahr über mit Hilfe von Stroh, Wasser und Pilzgranulat gezüchtet. Sie enthalten alle lebensnotwendigen Aminosäuren, sind reich an Vitaminen und Mineralstoffen und dabei sehr kalorienarm.

Bohnen, Hülsenfrüchte, die in großer Artenvielfalt in aller Welt angebaut werden. Es werden entweder die Schoten oder die Samen verzehrt. Getrocknete Bohnensamen müssen vor dem Garen eingeweicht werden. Bohnen dürfen nie roh verzehrt werden, da sie ein natürliches Gift enthalten, das erst durch Kochen unschädlich gemacht wird.

Buchweizen ist ein Knöterichgewächs und gehört damit nicht zum Getreide, wird in der Vollwertküche jedoch wie dieses verwendet. Im Handel erhältlich in ganzen Körnern, geschrotet oder gemahlen.

Curry ist eine indische Gewürzmischung aus mindestens zehn bis fünfzehn Gewürzen, darunter Bockshornklee, Cayennepfeffer, Ingwer, Koriander, Kurkuma, Kümmel, Muskat, Nelken, Paprika, Pfeffer, Rosmarin, Zimt u.a.

Dinkel ist eine alte Weizensorte, die in der Vollwertküche wieder neu entdeckt wurde. Wird wie Weizen verwendet. Unreif geerntete Körner sind unter der Bezeichnung Grünkern im Handel.

Essig ist ein altes Würz- und Konservierungsmittel. Mit Hilfe von Essigsäurebakterien können Weine, Sherry u.a. zu Essig vergären. Mit Gewürzen wie Rosmarin, Estragon, Dill, aber auch mit Honig, Zitrone, Himbeeren und anderen Früchten läßt sich Essig fein aromatisieren.

Gerste ist eine der ältesten Getreidesorten; wird in der Küche vor allem für Brei und als Suppeneinlage verwendet.

Graupen sind geschälte und polierte Gerstenkörner, auch Rollgerste genannt. Durch das Schälen verlieren die Gerstenkörner einen Teil ihrer wertvollen Inhaltsstoffe.

Grünkern ist das vor der Reife geerntete und gedarrte Korn des Dinkels. Es ist reich an hochwertigem pflanzlichen Eiweiß und Mineralstoffen, sehr aromatisch und leicht verdaulich.

Hafer enthält mehr hochwertiges Eiweiß und Mineralstoffe als andere Getreidesorten und wird daher gerne für Kranken- und Babykost verwendet. In der Küche verwertbar hauptsächlich für Brei, Suppen und Müsli.

Haselnußöl wird aus Haselnußkernen gewonnen. Mit dem aromatischen Öl lassen sich Rohkost und Salate würzen.

Hirse nennt man die kleinen Körner eines Rispengetreides. Sie ist reich an Vitaminen und Mineralstoffen und leicht verdaulich. In der Küche findet sie Verwendung für Suppen, Couscous, Aufläufe u. ä.

Krause Glucke ist ein Speisepilz, der im Herbst in Kiefernwäldern zu finden ist.

Kurkuma (Gelbwurz) gehört zur Familie der Ingwergewächse. Die gemahlene Wurzel wird zum Würzen und Färben von Speisen verwendet.

Linsen gehören zur Familie der Hülsenfrüchte und sind getrocknet in zahlreichen Varianten im Handel. Die Farbpalette reicht von graubraun/schwärzlich über grün/gelb bis rot/rosa. Sie finden Verwendung für Suppen, Püree und Gemüsegerichte.

Mangold nennt man die fleischigen Blätter einer Rübensorte. Mangold kann wie Spinat als Gemüse und Salat zubereitet werden. Die großen Blätter eignen sich auch gut für Wickel.

Olivenöl wird durch Pressung des Fruchtfleisches der Olive gewonnen. Besonders wertvoll ist das aus der ersten Kaltpressung gewonnene *native Olivenöl extra* (Huile vierge, extra vergine). Da es einen hohen Anteil an einfachen ungesättigten Fettsäuren enthält, eignet es sich auch zum Braten. Olivenöl sollte wie alle Öle möglichst kühl und dunkel gelagert werden.

Pflanzenmargarine ist ein aus pflanzlichen Rohstoffen gewonnenes Fett im festen oder halbfesten Zustand, das hohe Temperaturen verträgt.

Pflanzenöl ist kaltgeschlagen oder kaltgepreßt am wertvollsten. Zu den wichtigsten Sorten gehören Olivenöl, Sonnenblumenöl, Weizenkeimöl, Traubenkernöl und Nußöle.

Reis ist eine der wichtigsten Getreidesorten, von der es unzählige Sorten gibt. Beim weißen Reis wurden durch Polieren Silberhäutchen und Keim entfernt, wodurch er länger haltbar ist, aber auch einen Großteil seiner wertvollen Inhaltsstoffe einbüßt. Empfehlenswert ist daher der unpolierte Naturreis, der seine bräunliche Farbe behält.

Roggen ist neben Weizen das wichtigste Brotgetreide. Die Körner brauchen länger zum Garen als der Weizen und sind auch schwerer verdaulich.

Sambal Oelek ist eine scharfe Gewürzpaste und wird vor allem in der indonesischen Küche verwendet.

Sesam ist ein fetthaltiges, winziges Korn mit feinem nußartigen Geschmack. Es wird zum Bestreuen von Bäckereien, Salaten, Gemüse und Vollwertgerichten verwendet. Aus den Sesamkernen wird das Sesamöl und Gomasio gewonnen.

Shiitake stammen ursprünglich aus China, werden heute aber auch bei uns gezüchtet. Der feinaromatische Speisepilz enthält alle lebenswichtigen Aminosäuren, ist leicht verdaulich und kalorienarm.

Steckrüben, auch Kohlrüben genannt, sind Gemüserüben, die in der Küche als Püree oder in feine Streifen geschnitten als Beilage verwendet werden.

Wasabi ist ein scharfer grüner Meerrettich, der gemahlen in Japanläden erhältlich ist. Er muß mit Wasser oder kalter Brühe angerührt werden.

Wilder Reis ist der Same eines in Nordamerika wild wachsenden Getreides. Die dunkelbraunen aromatischen Körner werden ungeschält verwendet und benötigen deshalb eine längere Garzeit.

Rezeptregister nach Sachgruppen

FLEISCH, WILD UND
GEFLÜGEL

FISCH

DESSERTS

SAUCEN

Alphabetisches Rezeptregister

FLEISCH, WILD UND GEFLÜGEL

FISCH

DESSERTS

SAUCEN

Alphabetisches Rezeptregister